Andrew Wommack

Die Macht deiner Vorstellungskraft

Die Macht deiner

VORSTELLUNGS-KRAFT

LERNE, VON GOTT ZU EMPFANGEN

Andrew Wommack

Grace today VERLAG

Originally published in the USA by

Harrison House

The Power of Imagination

Die englischsprachige Originalausgabe erschien im Verlag *Harrison House Publishers* unter dem Titel *The Power of Imagination* Copyright © 2019 by Andrew Wommack Ministries. This translation of *The Power of Imagination* is published by arrangement with Harrison House.

Die Deutsche Nationalbibliothek verzeichnet diese Publikation in der Deutschen Nationalbibliografie; detaillierte bibliografische Daten sind im Internet über https://dnb.de abrufbar.

Umschlaggestaltung: Harrison House Publishers
Corporate Design: spoon design, Olaf Johannson
Übersetzung: Gabriele Kohlmann
Korrektorat: Thilo Niepel
Satz: Grace today Verlag
Druck: CPI Clausen & Bosse, Leck
Printed in Germany

4. Auflage 2025

Paperback: ISBN 978-3-95933-216-3, Bestellnummer 372216
E-Book: ISBN 978-3-95933-217-0, Bestellnummer 372217

www.gracetoday.de

INHALT

EINFÜHRUNG

Die Vorstellungskraft ist der Dynamo, die Kraftquelle des Lebens. Leider verstehen die meisten Leute nicht, wie wichtig sie ist. Sie erkennen nicht, dass Gott die Vorstellungskraft zum festen Bestandteil von uns Menschen gemacht hat. In Psalm 103,14 heißt es:

Denn er weiß, was für ein Gebilde wir sind; er denkt daran, dass wir Staub sind.

Dasselbe hebräische Wort, das in diesem Vers mit »Gebilde« übersetzt wurde, wird im Alten Testament fünfmal mit »Vorstellung« oder »Vorstellungskraft« übersetzt (1Mo 6,5; 8,21; 5Mo 31,21; 1Chr 28,9 und 29,18). Unsere Vorstellungskraft bildet den Rahmen oder das Rückgrat unseres Daseins. Sie ist das Tor zu unserem Potential und beeinflusst unsere Sicht auf das Leben (Spr 23,7). Aber die Menschen verweisen die Vorstellungskraft ins Reich der kindlichen Fantasie. Sie unterschätzen deren Einfluss auf ihr Leben und versuchen, von Gott zu empfangen, ohne vorher ihre Vorstellungskraft zu aktivieren.

Als Jamie und ich unseren Dienst antraten, gab uns der Herr eine Vision. Wir würden scharenweise Menschen erreichen – das Leben von Vielen auf der ganzen Welt würde berührt werden. Und obwohl wir wussten, dass dies Gottes Wille für unser Leben war, gab es kaum Anzeichen für ein Zustandekommen. Die Menschen blieben unseren Versammlungen zu Tausenden fern. Wir kämpften darum, Fuß zu fassen. Es war frustrierend. Dann, im Jahr 2002, sprach der Herr zu mir aus Psalm 78 und sagte mir, dass ich ihn durch mein begrenztes Denken einschränke. Denn obwohl ich Gottes Willen für mein Leben kannte, konnte ich mir nicht vorstellen, dass es mir gelingen würde, ihn zu erfüllen. Ich konnte mir nicht vorstellen, vor Tausenden von Menschen zu stehen oder Millionen Zuschauer über das Fernsehen zu erreichen. Ich konnte mir nicht vorstellen, dass man meinen Namen in einem Atemzug mit anderen Bibellehrern nennen würde, die Großes in der Welt bewirkt hatten. Und weil ich es mit meinem inneren Auge nicht sehen konnte, geschah auch nichts von alldem. Der Herr zeigte mir, dass ich meine Denkweise ändern musste, um seinen Willen für mein Leben erfüllen zu können. Ich musste anfangen, meine Vorstellungskraft zu nutzen.

Deine Vorstellungskraft ist geistlich gesehen wie ein Mutterleib. Sie ist deine schöpferische Mitte. In 1. Mose 11 wird über den Turmbau zu Babel berichtet. Als die Bevölkerung zu jener Zeit anwuchs und sich auf der Erde auszubreiten begann, versammelten sich die Menschen in den Ebenen von Babylon. Dort schmiedeten sie einen Plan, wie sie sich einen Namen machen (1Mo 11,4) und den Himmel erreichen könnten.

> *Da kam der Herr vom Himmel herab, um die Stadt und den Turm anzusehen, die sie bauten. Als er alles gesehen hatte, sagte er: »Wohin wird das noch führen? Sie sind ein einziges Volk und sprechen alle dieselbe Sprache. Wenn sie diesen Bau vollenden, wird ihnen nichts mehr unmöglich sein. Sie werden alles ausführen, was ihnen* ***in den Sinn kommt****.«*
> *— 1. Mose 11,5–6 GNB*

Wie erstaunlich! Die Vorstellungskraft dieses unerneuerten Volkes bedrohte Gottes Plan für die Menschheit so massiv, dass er ihnen einen Stolperstein in den Weg legen musste, indem er ihre gemeinsame Sprache in viele verschiedene aufspaltete. So konnte er sie bremsen und seinem Plan Zeit zur Entfaltung verhelfen. Gott sah in ihrer Vorstellungskraft eine Bedrohung seines Plans für die Menschheit. Wow!

Die Vorstellungskraft ist in ihrer Wirkung sehr mächtig. Sie ist der erste Schritt zum Handeln. Wenn man sich etwas vorstellen kann, dann kann man es auch tun. Doch viele Christen verstehen das nicht. Überall auf der Welt beten Gläubige um Heilung, ohne sie je zu erfahren. Sie beten um Wohlstand, aber sie erhalten ihn nicht. Und warum? Weil sie nicht wissen, wie man die gottgegebene positive Vorstellungskraft richtig nutzt. Sie *sehen* sich nicht geheilt. Sie *sehen* sich nicht erfolgreich.

Wenn du Gottes Willen für dein Leben verwirklicht sehen möchtest, wenn du dein volles Potential ausschöpfen willst, musst du sowohl die Macht deiner Vorstellungskraft verstehen als auch, wie man sie richtig gebraucht.

KAPITEL 1

Was ist Vorstellungskraft?

Laut dem *Houghton Mifflin American Heritage Electronic Dictionary* (HMAHED) ist mit Vorstellung bzw. Vorstellungskraft »der Prozess oder die Fähigkeit, sich ein geistiges Bild von etwas zu machen, das nicht real bzw. vorhanden ist«, gemeint. Viele Menschen verwechseln Vorstellungskraft mit Vision. Eine Vision ist jedoch »ein geistiges Bild, das durch die Vorstellungskraft erzeugt wird« (HMAHED). Ohne Vorstellungskraft kann man keine Vision haben. Und obwohl diese Wörter manchmal synonym verwendet werden, möchte ich mich hier ganz auf die Vorstellungskraft konzentrieren – die Fähigkeit zu sehen, was nicht vorhanden ist.

Die meisten Erwachsenen assoziieren Vorstellungskraft mit Kindlichkeit. Man hat ihnen beigebracht, die Nutzung der Vorstellungskraft oder den Glauben an nicht Sichtbares als Fantasterei abzutun. Dasselbe Wörterbuch bezeichnet Fantasie als »Illusion« oder »Einbildung«, als »launenhafte Vorstellung« oder »Tagtraum«. Schau dir nur mal die Definition des Wortes *Einbildung* an: »eine falsche Überzeugung, die trotz entkräftender Beweise aufrechterhalten wird«. Fantasie ist nicht real. Sie stützt sich nicht auf bestätigende Beweise. Aber Vorstellungskraft ist real.

Vorstellungskraft ist die Fähigkeit, mit dem Geist das zu sehen, was man mit den Augen nicht sehen kann. Wenn ich dich fragen würde, wie viele Fenster es in deinem Elternhaus gab, wette ich, du wüsstest es, obwohl du sie wahrscheinlich nie gezählt hast. Dank deiner Vorstellungskraft kann dein geistiges Auge das Haus deiner Kindheit nachbilden und dich Raum für Raum hindurchführen.

Ob es dir bewusst ist oder nicht, du nutzt deine Vorstellungskraft tagtäglich. Du nutzt sie, um dich daran zu erinnern, wo du dein Auto geparkt hast, oder um jemandem eine Wegbeschreibung zu geben. Ohne Vorstellungskraft könntest du nicht leben. Wenn ich dir das Wort *Hund* nennen würde, dann würdest du dir nicht die Buchstaben H-U-N-D in deinem Kopf vorstellen. Stattdessen hättest du das Bild eines Hundes vor Augen. Wenn du einen kleinen weißen Hund besäßest, wäre es wahrscheinlich sein Bild, das dir in den Sinn käme. Aber ich könnte dieses Bild mit meinen Worten verändern. Würde ich nämlich »großer schwarzer Hund« sagen, hättest du sofort ein anderes Bild im Kopf.

Die Vorstellungskraft hilft dir zu »sehen«, was nicht sichtbar ist. Sie schafft die Bilder in deinem Kopf, die dich beim Merken, Erinnern, Lesen und Planen unterstützen. Aber deine Vorstellungskraft kann nur mit den Informationen arbeiten, die du ihr zuführst – seien es gute oder schlechte, korrekte oder falsche (Lk 6,45). Wenn du deinen Kopf mit dem Müll dieser Welt füllst, wird deine Vorstellungskraft auch nichts anderes produzieren. Wenn du hingegen dein Denken erneuerst, indem du es auf biblische Wahrheit ausrichtest, wird deine Vorstellungskraft dir helfen, von Gott zu empfangen (Röm 12,2).

Wenn ich den Platz hätte, könnte ich fast alle Hauptfiguren der Bibel aufzählen und zeigen, wie jede von ihnen ihre Vorstellungskraft nutzte, um von Gott zu empfangen. Als der Herr im ersten Buch Mose zu Abram sprach (bevor sein Name in Abraham geändert wurde), sagte Gott ihm, er solle das Haus seines Vaters verlassen und in ein Land gehen, das er später erben würde (1Mo 12,1). Abram konnte das Land, von dem Gott sprach, nicht sehen; er wusste nicht aus Erfahrung, dass es ein gutes Land sein würde. Soweit wir wissen, war er noch nie weiter als bis nach Haran gereist (1Mo 11,31). Warum also verließ Abram alles, was ihm vertraut war? Ich glaube, weil die Worte des Herrn seine Vorstellungskraft anregten.

Abrams Vorstellungskraft war ausschlaggebend für seine Fähigkeit, von Gott zu empfangen – und so zu Abraham zu werden. Das Gleiche gilt für dich. Du kannst Gottes Willen für dein Leben nicht einfach per Zufall erfüllen. Vor einiger Zeit erhielt ich eine E-Mail von einer Frau, die an einem unserer Bibelschulcampusse arbeitet. Sie pries den Herrn, dankte mir und sagte: »Ich wurde für das, was ich hier tue, geschaffen. Das ist genau der Platz, an dem Gott mich haben will.« Traurigerweise können die meisten Menschen das nicht von sich sagen. Sie wissen nicht, was Gott für ihr Leben will. Sie haben keine Vision, kein geistiges Bild von ihrer Zukunft. Sie sind wie Wasser, das einfach mit der Strömung treibt, die den Weg des geringsten Widerstandes geht. Aber jeder beliebige Fisch, selbst ein toter, kann stromabwärts schwimmen.

Als der Herr mit Abram redete und ihm sagte, er solle aufbrechen, wusste Abram nicht, wohin er gehen würde. Er wusste nicht, wie das Leben außerhalb von Haran aussehen würde, aber er machte sich trotzdem auf den Weg. Abram hatte eine Vision von einem besseren Erbe als das, was Ur oder Haran ihm bieten konnten, und als er seine Aufmerksamkeit auf den Herrn richtete, begann Abrams Vorstellungskraft zu arbeiten. Abraham sah sich das Land beim Durchwandern in Besitz nehmen. Er sah seine Nachkommen dort leben. Seine Vorstellungskraft brachte eine Vision hervor, die immer deutlicher wurde, je weiter er sich von Ur entfernte.

Ich glaube, das ist der Grund, warum der Herr Abraham die Verheißung gab, dass seine Nachkommen so zahlreich sein würden wie der »Staub der Erde« (1Mo 13,16) und »die Sterne« (1Mo 15,5).

Jeden Tag hatte Abraham Staub an den Füßen, und jede Nacht betrachtete er die Sterne. Diese Dinge hielten ihm die Verheißung Gottes ständig vor Augen und beflügelten seine Vorstellungskraft.

Abrahams Vision war wie eine Wegbeschreibung für sein Leben. Überleg mal. Wenn du von Colorado nach New York reisen würdest, bräuchtest du eine Straßenkarte – etwas, das dir eine Vorstellung oder ein Bild davon gäbe, in welche Richtung es geht. Ohne eine solche Karte wäre eine Straße so gut wie jede andere. Aber nicht jede beliebige Straße bringt dich dorthin, wo du im Leben hinwillst.

Die meisten Christen haben keine klare Vision für ihr Leben. Sie können den Willen Gottes nicht erkennen. Anstatt sich aber an den Herrn zu wenden und wie Abraham ihre Vorstellungskraft zum Einsatz zu bringen, lassen sie sich von den Umständen des Lebens einfach herumschubsen. Sie verlassen eine gute Gemeinde und das Unterstützungssystem von Freunden und Familie, um für eine Gehaltserhöhung von hundert Dollar quer durchs Land zu ziehen. Sie geben Tausende von Dollar für Medikamente aus, die ihnen helfen, mit Krankheit und Unwohlsein fertigzuwerden. Sie nehmen eine Hypothek auf ihre Zukunft auf, um Boote zu kaufen, die sie nicht benutzen werden, und zusätzliche Fernseher, die sie nicht brauchen. Sie geben sich mit weniger als dem Besten zufrieden, was Gott zu bieten hat.

In Sprüche 29,18 (KJV) heißt es: »Wo keine Vision ist, geht das Volk zugrunde.« Die Vision oder das Bild, das in deiner Vorstellung entsteht, gibt dir Hoffnung für die Zukunft. Ohne sie wirst du Gottes Plan für dein Leben nie erfüllen können. Die Umstände werden dich vom Weg abbringen, Schwierigkeiten dich aus der Bahn werfen, und am Ende gibst du auf. In den fünfzig Jahren, seit Gott Jamie und mich in den Dienst berufen hat, gab es für uns viele Gelegenheiten, aufzugeben. Wir mussten mit Armut und

Verleumdung fertigwerden, mussten verlorene Beziehungen verschmerzen, aber die Vision ließ uns trotzdem weitermachen. Als ich bespuckt und mit vorgehaltener Waffe bedroht wurde, als man mich belogen hat, als man den Dienst eine Sekte nannte, wäre es ein Leichtes gewesen, zu sagen: »Das ist die Mühe nicht wert.« Stattdessen habe ich mich von meiner Vision motivieren lassen. Ich ermutigte mich selbst, indem ich mich auf das konzentrierte, was Gott mir aufgetragen hatte, und das zahlt sich heute aus!

Die Vision einer Person gibt ihr Halt, wenn alles um sie herum ihr entgegenzustehen scheint.

Hast du eine Vision – ein hoffnungsvolles Bild von der Zukunft? Stimmt dieses Bild mit Gottes Bild für dich überein? Die gute Nachricht ist: Unabhängig davon, welche Entscheidungen du getroffen hast oder wie weit du vom Kurs abgekommen bist, kannst du auf Gott bauen, denn er ist besser als jedes GPS-System. Wenn du eine falsche Abzweigung genommen hast oder vom Kurs abgewichen bist, kann er dich wieder auf den richtigen Weg bringen. Aber dazu braucht es die Macht deiner Vorstellungskraft.

KAPITEL 2

Das fehlende Glied

Deine Vorstellungskraft ist für die Erstellung der Route verantwortlich, der dein Leben folgt. Ob es dir nun bewusst ist oder nicht, dein Leben ist exakt so, wie du es dir vorgestellt hast. In Sprüche 23,7 (KJV) heißt es, dass ein Mensch »so ist, wie er in seinem Herzen denkt«. Wenn du dich für arm hältst, ist es egal, wie viele Nullen auf deiner Gehaltsabrechnung stehen – am Ende deines Geldes wird immer noch jede Menge Monat übrig sein. Wenn du dich als Opfer oder Unterdrückter fühlst, wird es immer eine Person oder einen Umstand geben, der dich davon abhält, deine Ziele zu erreichen. Dir mag bewusst sein, dass Gott will, dass du gesund bist und es dir in allem gut geht (3Joh 2), und vielleicht betest du sogar dafür, aber wenn du dich nicht so sehen kannst, wie Gott dich sieht, wirst du nie sein Bestes erfahren.

Vor Jahren kam eine Frau zu uns, die von ihrem Mann misshandelt worden war. Obwohl sie dieser Situation entkommen war, fürchtete sie sich vor Männern – und zwar vor allen. In ihren Augen waren sie bösartig und es war ihnen grundsätzlich nicht zu trauen. Für sie war alles, was Männer taten, ein Versuch, die Kontrolle zu erlangen oder sie zu manipulieren. Diese Frau ließ zu, dass die Umstände ihrer Vergangenheit ein verzerrtes Bild der Realität zeichneten. Und sie filterte jede Interaktion durch dieses Bild. Ihre Vorstellung war außer Kontrolle geraten und der Preis, den sie dafür bezahlte, war hoch.

Deine Vorstellungskraft ist der dominierende Steuerungsfaktor in deinem Leben. Sie funktioniert wie ein Drehzahlbegrenzer. Dieser ist in fast allen Fahrzeugen als Sicherheitsfunktion eingebaut. Ein solcher Begrenzer überwacht auch die Geschwindigkeit eines Fahrzeugs. Sobald ein Fahrer die voreingestellte Höchstgeschwindigkeit erreicht, schaltet sich der Begrenzer ein und unterbricht die Zündung sowie die Kraftstoffzufuhr zum Motor. Was immer der Fahrer auch tut, er kann diese Grenze nicht überschreiten. Deine Vorstellungskraft funktioniert auf vergleichbare Weise. Aber im Gegensatz zum Auto gibt es keinen Hersteller, der die Grenzen deiner Vorstellungskraft vorgibt. Das tust allein du.

Ein guter Freund von mir wuchs unter einem bösartigen, jähzornigen Vater auf. Das Leben unter dem Dach seines Vaters war bedrückend. Er erzählte mir einmal, dass sein Vater alte Autos als Ersatzteilspender benutzte. Sie hatten ständig rund fünfzig Schrottautos auf dem Gelände ihrer Farm stehen. Sein Vater baute dann immer Teile aus einem Auto aus, um sie für die Reparatur eines anderen zu verwenden. Jedes Mal, wenn mein Freund bei der Reparatur der Autos half, sagte sein Vater: »Du bist so dumm! Du kannst nicht mal eine Mutter auf eine Schraube drehen.«

Nachdem er diese Aussage jahrelang gehört hatte, wurde sie im Leben meines Freundes zu einer selbsterfüllenden Prophezeiung. Ich erinnere mich, wie ich Jahre später mal mit ihm an einem Auto arbeitete. So klug und tüchtig dieser Freund sonst auch ist, bemerkte ich, wie er jedes Mal zitterte, wenn er eine Mutter auf eine Schraube drehen musste, weil er Angst hatte, er könnte sie beim Ansetzen verkanten und dadurch die Gewinde von Schraube und Mutter ruinieren. Einmal hatte er die Mutter absolut sauber aufgesetzt und festgezogen. Weil er aber befürchtete, sie verkantet zu haben, schraubte er sie runter und setzte sie neu an. Das wiederholte er mehrere Male, bis er das Gewinde schließlich tatsächlich ruinierte. Bis heute habe ich meinen Freund noch keine Mutter auf eine Schraube drehen sehen, die er beim Ansetzen nicht verkantet hätte. Die Worte seines Vaters schufen ein Bild in seinem Kopf, das ihn in seinen Fähigkeiten einschränkte.

Du bist dir dessen vielleicht nicht bewusst, aber du lässt alles – wer du bist, was du zu tun vermagst, deine Umstände, sogar die Art und Weise, wie du behandelt wurdest – durch den Filter deiner Vorstellung laufen. Und wenn die Kraft deiner Vorstellung nicht richtig gelenkt wird, begrenzt sie, was Gott in deinem Leben tun kann.

Meine Mutter war Schullehrerin. Sie liebte Bildung und machte aus unseren akademischen Leistungen immer eine große Sache. Als ich in der sechsten Klasse war, nahm mein Bruder an einem Test teil, bei dem sein IQ auf Hochbegabten-Niveau eingestuft wurde. Als ich meine Mutter über seine Ergebnisse sprechen hörte, fragte ich nach meinem Ergebnis. Sie sagte, ich sei »zwei Punkte über einem Idioten«. Jahre später lachte sie über diesen Tag und sagte: »Das ist nicht wahr, Andy. Ich hab bestimmt bloß einen Spaß mit dir gemacht.« Doch mir war zu keiner Zeit klar gewesen, dass es als Spaß gemeint war. Ihre im Scherz gesprochenen Worte zeichneten ein Bild der Mittelmäßigkeit in meinem Kopf, mit dem ich jahrelang zu kämpfen hatte. Erst als der Herr mir die Wahrheit von Geist, Seele und Körper offenbarte, begann sich meine Vorstellung zu ändern.

Bevor ich das Konzept von Geist, Seele und Körper verstand, war mein Bild im Spiegel das einzige »Ich«, das ich kannte. Die Meinung anderer und meine eigenen Gefühle bestimmten mein Leben. Ich wusste nicht, dass mein wahres Ich – mein Geist – der Teil von mir ist, der nach Gottes Bild geschaffen wurde (1Mo 1,26).

Er selbst aber, der Gott des Friedens, heilige euch durch und durch, und euer ganzes [Wesen], der Geist, die Seele und der Leib, möge untadelig bewahrt werden bei der Wiederkunft unseres Herrn Jesus Christus! — 1. Thessalonicher 5,23

Wir können unseren Geist nicht mit unseren fünf Sinnen sehen, hören oder fühlen (1Kor 2,14). Es gibt nur einen Weg, um zu verstehen, was Geist ist: durch einen Blick in das Wort Gottes.

Denn das Wort Gottes ist lebendig und wirksam und schärfer als jedes zweischneidige Schwert und durchdringend bis zur Scheidung von Seele und Geist, sowohl der Gelenke als auch des Markes, und ein Richter [wörtlich: ein Urteilsfähiger] der Gedanken und Gesinnungen des Herzens. — Hebräer 4,12 ELB

Gottes Wort zeigt uns die geistliche Wahrheit. Jesus sagte: »Der Geist ist es, der lebendig macht, das Fleisch nützt gar nichts. Die Worte, die ich zu euch rede, sind Geist und sind Leben« (Joh 6,63).

Als ich als junger Mann anfing, mich eingehend mit dem Wort Gottes zu befassen, entdeckte ich, dass alle, die mit dem Herrn verbunden sind, ein Geist mit ihm sind (1Kor 6,17) und »wie er [Jesus] ist, sind auch wir in dieser Welt« (1Joh 4,17 ELB). Ich begriff zunehmend, dass mein Geist und Jesu Geist wesensgleich waren und dass ich die gleichen Dinge tun konnte, die er tat (Joh 14,12). Gottes Wort begann, mein inneres Bild umzugestalten, und so wie sich dieses Bild veränderte, fing auch ich an, mich zu verändern. Ich sah nicht mehr einen Menschen, dessen eigenes Wesen ein bisschen was von Jesu Wesen an sich hatte. Vielmehr sah ich nun einen von Gott bewohnten Menschen – jemanden, der vollkommen und mit Kraft erfüllt war, der befähigt war, Kranke zu heilen, Tote aufzuerwecken und die Autorität zu nutzen, die Christus ihm gegeben hat (Mk 16,17–18).

Als diese Dinge in meiner Vorstellung erst einmal sichtbar wurden, war es nur eine Frage der Zeit, bis ich sie auch in meinem Leben zu sehen begann. Seitdem habe ich gesehen, wie Tote wieder lebendig wurden, wie blinde Augen und taube Ohren sich öffneten, wie Menschen von Krebs geheilt wurden und wiederum andere aus ihren Rollstühlen aufstanden. Ich habe alle Arten von Wundern erlebt. Mein eigener Sohn wurde von den Toten auferweckt. All diese Dinge geschahen, weil das Wort Gottes in meiner Vorstellung ein anderes Bild formte.

Viele Menschen wollen Wunder erleben. Sie wollen Gottes Bestes erfahren und sein Wirken erleben, aber sie sehen sich selbst nicht so, wie Gott sie sieht. In ihrer Vorstellung beschränken sie sich auf ihre menschliche Seite. Sie bringen ihr Leben damit zu, ihre Allergien in den Griff zu bekommen, sich um den Aktienmarkt zu sorgen und sich wegen jeder Meldung zu fürchten, die sie im Internet auf den Plattformen der »zehn Kundschafter« lesen. Sie rechnen damit, dass sie krank werden. Sie erwarten, dass sie vergreisen und ihre Sehkraft verlieren.

Aber als Gläubige sind wir nicht bloß Menschen! Unser physischer Körper mag sterblich sein, unser Verstand mag noch verführbar sein, aber wir sind neue Geschöpfe in Christus Jesus (2Kor 5,17). Derselbe Geist, der Christus von den Toten auferweckt hat, lebt in uns. In unserem Geist sind wir rein und heilig, voll von Gottes Kraft. Ein Drittel von uns wird vollständig vom Heiligen Geist ausgefüllt (Röm 8,11)! Und wenn wir uns entscheiden, daran zu glauben, wird unser Geist dominieren und alles übertrumpfen, was in der physischen Welt vor sich geht. Doch zuerst müssen wir unsere Vorstellungswelt verändern.

Vor Jahren erzählte John G. Lake, ein bekannter Heilungsprediger der frühen 1900er Jahre, eine Geschichte über seine Erfahrungen in Südafrika während eines Ausbruchs der Beulenpest. Die Menschen wurden krank und starben wie die Fliegen, aber niemand wollte die Toten begraben. Alle hatten Angst, sich mit der tödlichen Krankheit anzustecken – alle, außer John G. Lake.

Lake leistete während der Pest fleißige Arbeit und begrub täglich mehrere Menschen, bis schließlich ein britisches Schiff mit Vorräten und Ärzten eintraf. Nachdem er Lake beobachtet hatte, fragte ihn einer der Ärzte, wie er sich vor einer Ansteckung geschützt habe. Lake antwortete, dass das Gesetz vom Geist des Lebens in Jesus Christus sein Schutz sei und dass sich kein Keim jemals an ihm festsetzen würde.

Nicht viele Menschen würden so etwas sagen – weil sie es einfach nicht sehen. Aber Lake sah es. Als er erklärte, dass kein Keim seinen Körper berühren und dort überleben könne, lachten die Ärzte. Sie glaubten ihm nicht. Also schlug Lake ein Experiment vor. Er forderte einen Arzt auf, den Speichel eines Toten zu nehmen und die entnommene Probe unter ein Mikroskop zu legen. Wie erwartet, war der Objektträger mit lebenden Keimen übersät. Lake schlug vor, diesen keimdurchsetzten Speichel auf seine Hände aufzubringen und dann noch einmal nachzuprüfen. Das taten die Ärzte und waren über das, was sie sahen, vollkommen perplex: Als die Keime Lakes Haut berührten, wurden sie sofort abgetötet!

Wusstest du, dass dieselbe Kraft jedem Gläubigen zugesagt ist? In Psalm 91,10 (LUT) steht:

Es wird dir kein Übel begegnen,
und keine Plage wird sich deinem Hause nahen.

Jeder, der den Zusagen von Psalm 91 vertraut und sie im Glauben ausspricht (Ps 91,2), kann denselben Schutz vor Keimen und Viren haben, den John G. Lake hatte. Die Mehrheit der Christen macht jedoch völlig andere Erfahrungen, weil die Menschen mehr von dem beeindruckt sind, was sie in den Nachrichten hören, als von dem, was sie in der Predigt hören. Sie lassen sich mehr von den Worten ihres Arztes leiten als von dem, was Gott sagt. Ihr inneres Bild entsteht nicht im Licht des Wortes Gottes, sondern im Licht ihres Fernsehers. Die meisten Christen beschränken sich in ihrem Denken auf die Erfahrungen der Welt. Sie lassen ihre Vorstellungen nicht vom Wort Gottes verändern.

Als der Herr 2002 (kurz nach den Terroranschlägen auf die Twin Towers) zu mir sprach und mir sagte, dass ich ihn begrenze, rief ich meine Mitarbeiter zusammen und sagte: »Ich weiß nicht, wie lange es dauert, dieses Bild in meinem Inneren zu verändern, aber ich werde mich ändern. Ich werde das tun, wozu Gott mich berufen hat.« Ich war vollkommen verblüfft, wie schnell unser Dienst nun zu florieren begann, obwohl im Natürlichen alles geradezu schrie, dass eine Expansion in einer solchen Zeit ein Ding der Unmöglichkeit war.

In dieser Zeit schaute niemand christliches Fernsehen. Niemand spendete an christliche Dienste. Die Aufmerksamkeit aller war auf die Nachrichten gerichtet. Alle christlichen TV Dienste, die ich kannte, litten. Übergemeindliche Dienste kürzten ihre Budgets. Dann, ohne erkennbare Vorzeichen – noch bevor ich meinen Partnern irgendetwas mitteilen konnte, bevor ich irgendetwas tun konnte, außer meine Vorstellung zu ändern – verdoppelten sich unsere Einnahmen. Es war, als hätte es bisher einen Damm im geistigen Bereich gegeben, der all den Segen zurückhielt, den Gott mir zukommen lassen wollte. Gott stellte alles bereit. Er erfüllte treu sein Wort. Aber etwas hielt den Zustrom auf. Als ich meine

Vorstellungskraft aktivierte und mein inneres Bild veränderte, brach dieser Damm. Und genau wie in 5. Mose 28,2 versprochen, wurde ich von einer Flut der göttlichen Versorgung überrollt.

Mehr über meine persönlichen Erfahrungen, die ich bei der Veränderung meiner inneren Bilder gemacht habe, kannst du in meinem Buch *Begrenze Gott nicht* lesen.

KAPITEL 3

Fokussierung

Dieses Konzept der Vorstellungskraft sollte für Christen kein fremdes Terrain sein. Wir haben ständig mit »nicht sichtbaren Dingen« zu tun. Wir glauben an einen Gott und einen Himmel, den wir nie gesehen haben. Wir setzen im Hinblick auf unsere Ewigkeit auf die Worte eines uralten Buches. Und wir glauben, dass ein Mensch, den wir nie persönlich getroffen haben, den Preis für unsere Sünde bezahlt hat – und das zweitausend Jahre bevor wir überhaupt geboren wurden! Für den natürlichen Verstand klingt das verrückt, und doch ist es wahr.

Kürzlich hörte ich im Radio einen Moderator sprechen, der mit seinen Zuhörern über eine Moralfrage diskutierte. Einer seiner Zuhörer meldete sich, um dem Gesagten zu widersprechen. »In der Bibel steht …«, setzte der Zuhörer an, doch der Moderator unterbrach ihn sofort: »Wir haben es nicht mit der Bibel zu tun. Wir haben es mit der Realität zu tun. Wir wollen keine Ideologien oder Glaubensvorstellungen. Wir wollen reale Fakten.« Ich wurde so wütend, dass ich das Radio anzuschreien begann: »Die Bibel ist realer als alles, was man sehen, schmecken, hören, riechen oder fühlen kann!« Die physische Welt, das, was die meisten Menschen als »Realität« bezeichnen, wurde aus dem Geist erschaffen. Der Hebräerbrief sagt:

Aufgrund des Glaubens erkennen wir, dass die Welt durch Gottes Wort erschaffen wurde und so aus Unsichtbarem das Sichtbare entstanden ist. — Hebräer 11,3 EÜ

Gottes Wort hat alles geschaffen, was wir mit unseren physischen Augen sehen können. Das Wort ist real, aber es ist keine Realität, die mit unseren natürlichen Sinnen erfahren werden kann (1Kor 2,14). Es kann nicht mit unseren Augen gesehen oder mit unseren Händen berührt werden. Es muss, wie der Rest der geistlichen Welt, durch den Glauben erfahren werden.

Im Jahr 2008, während der »Großen Rezession«, als die Aktienkurse um 50 Prozent fielen und der Immobilienmarkt zusammenbrach, sprach der Herr zu mir über den Bau eines hochklassigen Charis-Bible-College-Campus. Seitdem haben wir knapp 200 Hektar unberührtes Bergland in Woodland Park, Colorado, gekauft und mit der Erschließung begonnen. Wir haben mehr als 70 Millionen Dollar über die üblichen Ausgaben hinaus in den Bau eines rund 6500 Quadratmeter großen Gebäudes namens *The Barn* investiert, in dem unsere Charis-Unterrichtsräume untergebracht sind, sowie in ein 13.000 Quadratmeter großes Gebäude, das ein Auditorium mit 3200 Plätzen, unsere Telefonzentrale und unsere Charis-Büros beherbergt. Außerdem haben wir ein weiteres, knapp 5600 Quadratmeter großes Gebäude auf dem Grundstück für unsere AWM-Büros und unser Fernsehstudio renoviert. All dies wurde schuldenfrei verwirklicht.

Während alle anderen im Verlauf der »Großen Rezession« zu kämpfen hatten und gerade so über die Runden kamen, ging es uns gut. Wir bauten. Dafür gibt es keine natürliche Erklärung. Wir haben keinen Kredit aufgenommen oder Investorengelder in Anspruch genommen. Wir hatten keine großen Ersparnisse, auf die wir zurückgreifen konnten. Wir hatten nur Gottes Wort. Wir haben uns vom Wort Gottes ein Bild dessen malen lassen, was alles möglich ist und wozu wir in der Lage sind, und dieses Bild ist so klar und stark geworden, dass wir nicht mehr außerhalb dessen leben können. Unser Blick hat sich auf das Streben nach dem Willen Gottes verengt!

Es ist so: Glaube und Vorstellungskraft arbeiten Hand in Hand. Man kann sich so sehr auf das Wort Gottes konzentrieren, den Blick derart verengen, dass man nichts mehr wahrnimmt, das ihm widerspricht. Und das ist etwas Positives!

Vor Jahren schickte mich mein Vorstand zum Arzt, um einen Belastungstest durchführen zu lassen. (Die Versicherung, die wir beantragten, setzte einen solchen Test voraus.) Als der Arzt begann, mich für das Laufband vorzubereiten, fragte seine Assistentin, ob sie mir die Haare auf der Brust rasieren dürfe, um die Elektroden richtig anbringen zu können. »Sie können meine Brust nicht rasieren«, sagte ich. »Das ist jungfräuliches Haar. Es ist noch gänzlich unberührt!« Sie kam meiner Bitte nach und versuchte, die Dinger ohne Rasur auf meine Brust zu kleben, aber etwa dreizehn Minuten nach Testbeginn fielen sie ab. Um den Vorgang zu Ende zu bringen, musste ich zwei Elektroden mit den Händen an Ort und Stelle halten, die Krankenschwester hielt zwei weitere fest und der Arzt übernahm die restlichen zwei. Als ich mit dem Laufen fertig war, sah sich der Arzt meine Ergebnisse an. Dann brummte er etwas vor sich hin und schrieb dabei auf mein Krankenblatt. Als er schließlich aufblickte, sagte er zu mir: »Hier ist der Name eines Kollegen. Er ist Facharzt. Ich möchte, dass Sie dorthin gehen und sich sofort untersuchen lassen. Es könnte sein, dass wir Sie noch heute für eine Operation am offenen Herzen ins Krankenhaus einweisen müssen.«

Ich war schockiert! Ich fühlte mich nicht krank. Der einzige Grund, warum ich den Arzt aufgesucht hatte, war die

Versicherungspolice. Wie konnte ich plötzlich eine Operation am offenen Herzen benötigen? Während ich da so saß und den Arzt anblickte, dachte ich kurz über das Bild von Gesundheit und Stärke nach, das Gottes Wort in mir erschaffen hatte. Ich sagte zu ihm: »Das ist eine Lüge. Ich glaube es nicht. Schauen Sie sich die Messwerte nochmals an und sagen Sie mir, ob dort etwas von einem Herzproblem zu sehen ist.«

Der Arzt sah mich nur an (er war es wohl nicht gewohnt, dass man ihn einen Lügner nannte) und meinte dann: »Nun, die Messwerte zeigen nicht wirklich, dass Sie ein Herzproblem haben. Es ist nur zu sehen, dass es bei dem Test eine Anomalie gab. Vielleicht ist es nichts, aber es könnte auch etwas Ernstes sein. Wir müssen Sie untersuchen lassen.« Er hatte nicht bedacht, dass mir die Elektroden von der Brust gefallen waren! »Das ist nicht das, was Sie mir eben mitgeteilt haben«, sagte ich und wurde wütend. »Sie haben mir gesagt, dass ich vielleicht noch heute am offenen Herzen operiert werden muss. Sie haben mich angelogen!«

»Also gut«, sagte er und zerriss den Ausdruck. »Sie sind jetzt auf sich gestellt; und nun raus mit Ihnen.«

Später an diesem Tag, auf meinem Heimweg, blieb das Fahrzeug einer Verkehrsteilnehmerin liegen. Es blockierte die Straße, also stieg ich aus und schob es für sie bis zur nächsten Haltebucht. Ich schob es die Steigung hinauf und um die Kurve – ganz allein. Nicht schlecht für einen Mann, der am selben Tag am offenen Herzen hätte operiert werden sollen!

Ich will damit sagen, dass das Wort Gottes die Macht hat, deine Wahrnehmung zu verändern. Mein Vater starb, als ich zwölf Jahre alt war. Er hatte Herzprobleme. Er starb sogar zweimal, einmal 1952 und ein zweites Mal im Jahr 1962. Als er das erste Mal starb, erklärte das Krankenhaus ihn für tot, deckte ihn mit einem Laken zu und legte ihn auf eine Bahre im Flur. Es war etwa zwei Uhr nachts. Unser Pastor hatte eine nächtliche Gebetsversammlung für ihn zusammengerufen. Zur gleichen Zeit, als der Pfleger kam, um meinen Vater in die Leichenhalle zu bringen, stand unser Pastor im Versammlungsraum vom Stuhl auf und sagte: »Entweder hat Gott getan, was er gesagt hat, und ihn geheilt, oder er ist tot. Wie auch immer, ich habe genug gebetet; ich gehe nach Hause.« Das Nächste, was uns zu Ohren kam, war, dass mein Vater wieder zum Leben erwachte. Er trat sein Laken weg und der Pfleger machte sich mitten auf dem Krankenhausflur in die Hose! Wegen der Herzkrankheit meines Vaters projizieren die Ärzte jedes Mal, wenn ich zu einer Untersuchung gehe, seine Probleme auf mich.

Ich könnte mich wie der Rest der Welt verhalten und diesen Worten Gewicht beimessen. Ich könnte mich von den Worten der Ärzte einschüchtern und mein Selbstbild davon beeinflussen lassen. Stattdessen verlasse ich mich auf das Wort Gottes, das besagt, dass Jesus meine Heilung auf Golgatha erkauft hat (1Petr 2,24). Ich vertraue darauf, dass Gottes Wort unfehlbar ist, dass er »ein Schild [ist] denen, die ihm vertrauen« (Spr 30,5) und dass keine Plage sich meiner Wohnung nähern kann (Ps 91,10). Ich glaube, dass die Freude am Herrn meine Stärke ist (Neh 8,10). Ich ermutige mich selbst anhand von biblischen Beispielen wie dem von Mose, der an seinem Todestag im Alter von 120 Jahren den Berg Nebo bestieg. Die Bibel sagt, »seine Augen waren nicht schwach geworden, und seine Kraft war nicht gewichen« (5Mo 34,7). Ich breche den Fluch, den Ärzte aussprechen, indem ich erwidere: »Fünfzig Prozent von mir stammen von meiner Mutter. Sie wurde sechsundneunzig Jahre alt und war gesund wie ein Pferd. Warum sehen Sie sich nicht ihre Seite an?« Während ich diese Zeilen verfasse, habe ich meinen Vater bereits um mehr als fünfzehn Jahre überlebt. Und laut meinem letzten MRT besitze ich das Herz eines Teenagers!

Nachdem der Arzt in Colorado Springs mich hatte durchfallen lassen, lud mich ein Freund (ein Arzt, der meinem Vorstand angehört) zu sich nach Louisiana ein, um ein Stress-Kardio-MRT durchzuführen. Er sagte: »Diese Laufbandtests stimmen in 50 Prozent der Fälle nicht. Man sollte niemals eine gesundheitliche Entscheidung auf Grundlage eines solchen Tests treffen.« Also injizierten sie mir ein Kontrastmittel und machten Aufnahmen von meinem Herzen, sowohl in Ruhestellung als auch unter Belastungsbedingungen. Mein Freund sagte mir: »Es ist alles in Ordnung mit dir. Du hast das Herz eines Siebzehnjährigen.«

Brüder und Schwestern, ihr müsst euch eure Zukunft nicht von euren Genen, eurer Ausbildung oder eurer Vergangenheit diktieren lassen! Gebt euch selbst die Erlaubnis, euren Blick auf Gottes Wort zu verengen. Ändert die Art, wie ihr eure Vorstellungskraft nutzt.

KAPITEL 4

Entwickle ein Bild

Und stellt euch nicht dieser Welt gleich, sondern ändert euch durch Erneuerung eures Sinnes, auf dass ihr prüfen könnt, was Gottes Wille ist, nämlich das Gute und Wohlgefällige und Vollkommene. — Römer 12,2 LUT

Die Entwicklung eines gottgemäßen, positiven Vorstellungsvermögens ist ein wichtiger Teil der Erneuerung des Denkens, und es ist oft der Teil, der den Menschen am meisten zu schaffen macht. Auch wenn dieses Konzept einfach ist, ist es nicht leicht. Es gibt keine »Schnelllösung«. Eine gottgemäße Vorstellungswelt kann man auch nicht durch Handauflegen bekommen. Du musst dich zu persönlicher Veränderung entschließen. Aber die Art und Weise zu ändern, wie du denkst und Dinge siehst, ist ein Prozess, der Zeit und Kontinuität erfordert. Ich arbeite seit Jahrzehnten daran, und obwohl ich sicher noch nicht am Ziel bin, habe ich mich, Gott sei Dank, immerhin schon auf den Weg gemacht!

Vor Jahren habe ich beschlossen, dass ich nicht so leben will wie die zehn Kundschafter, die mit Josua und Kaleb das Gelobte Land auskundschafteten. Vor dem Einzug der Kinder Israels in das Land Kanaan schickte Mose Vertreter jedes Stammes aus, um das dortige Gebiet zu erkunden. Er beauftragte sie, insbesondere die Beschaffenheit des Bodens und die Fruchtbarkeit des Landes, die Art der dort lebenden Menschen sowie die Größe und Befestigungsstärke der Städte zu untersuchen (4Mo 13,17–20). Als die

Kundschafter zurückkehrten, brachten sie einen Beleg für Gottes Versorgung mit – eine derart riesige Weintraube, dass sie von zwei Männern getragen werden musste! Aber sie lieferten auch diesen Bericht:

> *Und sie erzählten ihnen und sprachen: Wir sind in das Land gekommen, in das ihr uns sandtet; und wahrlich, Milch und Honig fließen darin, und dies sind seine Früchte. Aber stark ist das Volk, das darin wohnt, und die Städte sind befestigt und sehr groß; und wir sahen dort auch Anaks Söhne.*
> — *4. Mose 13,27–28* LUT

Kanaan war ein fruchtbares Land, üppiger als die Kinder Israels es sich erträumt hatten. Anstatt jedoch Gottes Wort zu glauben, ließen sie sich von den Umständen aus der Bahn werfen. Obwohl Kaleb versuchte, das Volk zu ermutigen, konnte es nicht über die Riesen hinausblicken:

> *Aber die Männer, die mit ihm hinaufgezogen waren, sprachen: Wir vermögen nicht hinaufzuziehen gegen dies Volk, denn sie sind uns zu stark. Und sie brachten über das Land, das sie erkundet hatten, ein böses Gerücht auf unter den Israeliten und sprachen: Das Land, durch das wir gegangen sind, um es zu erkunden, frisst seine Bewohner, und alles Volk, das wir darin sahen, sind Leute von hohem Wuchs. Wir sahen dort auch Riesen, Anaks Söhne aus dem Geschlecht der Riesen, und wir waren in unsern Augen klein wie Heuschrecken und waren es auch in ihren Augen.*
> — *4. Mose 13,31–33* LUT

Die Tatsache, dass Riesen im Land Kanaan lebten, machte die Fähigkeit der Israeliten, es zu erobern, nicht zunichte. Ihre Vorstellung war es, was sie daran hinderte, ihr von Gott verheißenes Erbe anzutreten. Sie ließen zu, dass die Worte von zehn Männern – »wir waren in unsern Augen klein wie Heuschrecken« – ihr Selbstbild veränderten und sie in ihren Möglichkeiten beschnitten, Gottes Willen zu verwirklichen.

Als Josua vierzig Jahre später zwei Kundschafter nach Jericho schickte, fanden diese heraus, dass den Kanaanitern an dem Tag, an dem sie von den Israeliten und deren wundersamen Durchquerung des Roten Meeres hörten, das Herz in die Hose rutschte und sie kraftlos wurden (Jos 2,9–11). Wären die Israeliten damals eingefallen, hätte das Ganze ein Kinderspiel sein können. Ihre Feinde wären nicht mehr übermächtig gewesen. Stattdessen wurden die Israeliten in ihrer Vorstellung besiegt. Sie sahen sich selbst als Heuschrecken (4Mo 13,33). Das war das Problem.

Jahre später, als David gegen Goliat kämpfte, hätte auch er sich von seiner Vorstellung besiegen lassen können. Und genau wie damals sollte auch dieser Kampf zwischen Israel und den Riesen des Landes kein fairer Kampf werden. Aber dieses Mal war der Ausgang ein anderer!

Und als er [David] noch mit ihnen [seinen Brüdern] redete, siehe, da kam herauf der Riese mit Namen Goliat, der Philister von Gat, aus den Reihen der Philister und redete dieselben Worte, und David hörte es. Und wer von Israel den Mann sah, floh vor ihm und fürchtete sich sehr.
— 1. Samuel 17,23–24 LUT

Da sprach David zu den Männern, die bei ihm standen: Was wird man dem tun, der diesen Philister erschlägt und die Schande von Israel wendet? ***Denn wer ist dieser unbeschnittene Philister****, der die Schlachtreihen des lebendigen Gottes verhöhnt? — 1. Samuel 17,26 LUT*

Anstatt sich selbst als Grashüpfer zu sehen, betrachtete David sich gemäß seinem Bund mit Gott. Er wusste, dass Goliat, ein Mann außerhalb dieses Bundes, keine Chance hatte.

So sollten auch wir sein! Wenn Krebs, Armut oder Angst bei uns anklopfen, sollte unser Glaube brüllen: »Was glaubst du, wer du bist, dass du dich gegen mich, ein Kind des Allerhöchsten, stellst? Ich werde dich vernichten und dich in Grund und Boden stampfen. Du wirst den Tag bereuen, an dem du dich mit mir angelegt hast!«

Leider würden die meisten von uns nicht wagen, so zu reden. Wir sehen uns nicht so, wie uns das Wort Gottes beschreibt oder wie Gott selbst uns sieht. Das ist der Grund, warum wir uns in den Umständen festfahren. Wir sehen uns als Grashüpfer – klein, schwach und armselig. Wir sehen uns als Opfer. Aber wir sind keine Opfer! Der allmächtige Gott lebt in uns! Wir sollten andere Resultate erwarten.

Als ich als Kind die Geschichte von David und Goliat las – lange bevor ich die Bedeutsamkeit der Vorstellungskraft verstand –, ging ich nach draußen und markierte den Baum in unserem Garten etwa in Goliats Kopfhöhe. Ich machte eine weitere Markierung in Davids Kopfhöhe. Gebückt versuchte ich dann, mir den Kampf aus seiner Perspektive vorzustellen. Jahre später, als Jamie und ich Israel besuchten, hielt unser Reisebus im Tal von Elah, wo David gegen Goliath gekämpft hatte. Es war ein heißer Tag, aber unser Reiseleiter fragte trotzdem, ob jemand aussteigen wolle, nachdem er uns erklärt hatte, wo wir waren. Keiner wollte. Alle wollten in dem klimatisierten Bus bleiben – alle außer mir. Zum Glück war der Rest unserer Gruppe so freundlich, mich auf Entdeckungstour gehen zu lassen, also stieg ich aus dem Bus und ging hinunter ins Tal. Das Tal von Elah ist knapp sechseinhalb Kilometer breit. Ich wanderte hinunter zu einem trockenen Bachbett, das mitten durch das Tal verlief, und hob fünf glatte Steine auf. Als ich dort stand und über die Hügel blickte, stellte ich mir die Philister auf der einen Seite und die Israeliten auf der anderen Seite vor. Ich sah Goliat auf dem Bergkamm stehen und stellte mir dann vor, wie David hinter seinen Brüdern auftauchte, während Goliat rief: »Gibt es nicht einen Mann, der gegen mich kämpfen will?« Ich sah, wie die Israeliten vor Angst in die Knie gingen, und ich spürte Davids gerechte Empörung. Die ganze Geschichte wurde an diesem Tag lebendig und wiederholte sich dort auf den Hügeln – nicht, weil ich sie mit eigenen Augen gesehen hätte, sondern weil ich sie in meiner Vorstellung erlebte.

Weißt du, es liegt keine spezielle Salbung auf dem Heiligen Land. Die Menschen haben beim Besuch des Landes nur deshalb das Gefühl, die Bibel würde lebendig, weil sie ihrer Vorstellungskraft zum ersten Mal erlauben, das zu »sehen«, worüber sie bisher nur gelesen haben. Mit den Augen zu sehen, wovon man nur gelesen hat, verhilft der eigenen Vorstellung zu einem klareren Bild. Deshalb ist ein Besuch im Heiligen Land ein so besonderes Erlebnis.

Hast du schon einmal versucht, etwas nur anhand der Texte in einer Gebrauchsanweisung zusammenzubauen? Du liest vielleicht »Befestigen Sie Seite A an Seite B mit den Zapfen F und G«, aber du musst dir wahrscheinlich die dazugehörige Abbildung ansehen, um zu erkennen, wovon die Anleitung spricht. Deshalb sagt man, dass ein Bild mehr sagt als tausend Worte, und deshalb verwenden Bauherren Baupläne. Als wir den Charis-Campus in Woodland Park gebaut haben, setzte ich mich mit den Architekten zusammen und erklärte ihnen, was ich sehen wollte. Doch was sie zeichneten, entsprach nicht dem, was ich mir vorgestellt hatte. »Nein«, sagte ich, »das will ich nicht. Ich will es so.« Also machten sie sich wieder an ihren Entwurf. Es hat eine Weile gedauert, aber wir haben so lange daran gearbeitet, bis wir alle das Gleiche sehen konnten.

Ein Bauunternehmer würde sich niemals an den Bau eines Hauses wagen, dessen Grundriss er seinen Handwerkern nur mündlich erklärt hat. Wäre das die einzige Methode, mit der er den Aufbau und die Funktion eines Hauses beschriebe, hätte der Hausbesitzer am Ende vielleicht eine Steckdose in seiner Badewanne!

Aber in gewisser Weise tun wir genau das mit dem Wort Gottes.

Einer der Hauptgründe, weshalb Menschen das Wort Gottes nicht als wirksame Kraft erleben, ist der, dass sie es nur lesen. Man kann das Wort nicht einfach lesen und erwarten, dass es eine Veränderung bewirkt. Du musst diesem Wort erlauben, deine Vorstellungskraft zu beflügeln, bis du »siehst«, was du liest. Selbst wenn du Woche für Woche stundenlang in der Bibel liest oder Bibelstellen über Heilung zitierst, wirst du die Fülle dieser Worte in deinem Leben nicht zu sehen bekommen, solange du dir nicht vorstellen kannst, geheilt zu sein. Es ist tatsächlich besser für dich, einen einzelnen Vers über Heilung zu lesen und dir von der darin enthaltenen Wahrheit ein Bild davon malen zu lassen, wer du bist, als fünf Kapitel gemäß deinem Jahresleseplan abzuarbeiten und hinterher nicht mal mehr zu wissen, in welchem Buch der Bibel du gelesen hast. Wenn du dir die Zeit nehmen würdest, deine Vorstellungskraft zu nutzen und dich mit Augen zu sehen, die deinen Bund mit Gott erkennen, so wie David es tat, könntest auch du Riesen niederstrecken!

KAPITEL 5

Nicht bloß Theorie

Wir sollten das Leben auf einer anderen Ebene erfahren als unsere unerlösten Nachbarn. In Johannes 14,12 sagte Jesus: »*Wahrlich, wahrlich, ich sage euch: Wer an mich glaubt, der wird die Werke auch tun, die ich tue …*« Das Wort *wahrlich* dient als Bekräftigung und ist gleichbedeutend mit »wirklich«. Natürlich war alles, was Jesus sagte, wahr, genauso aber verschwendete er nie ein Wort. Wann immer Jesus also »Wahrlich, wahrlich« sagte, tat er dies mit einer konkreten Absicht. Er wollte damit mehr als deutlich zum Ausdruck bringen, dass er meinte, was er sagte.

> *Wahrlich, wahrlich, ich sage euch: Wer an mich glaubt, der wird die Werke auch tun, die ich tue, und wird größere als diese tun, weil ich zu meinem Vater gehe. — Johannes 14,12*

Als ich anfing, über diese Bibelstelle nachzusinnen, ging ich jedes der Wunder Jesu durch und sagte: »Herr, du hast gesagt, ich könne dieselben Werke tun, die du getan hast. Du hast die Kranken geheilt. Also werde ich die Kranken heilen.« Ich stellte mir vor, wie ich den blinden Bartimäus berührte, wie ich den zehn Aussätzigen begegnete und wie ich die blutflüssige Frau heilte, genau wie Jesus es getan hatte. Dann kam ich zur Auferweckung der Toten, und meine Vorstellung geriet ins Stocken.

Wieder sagte ich: »Herr, du hast gesagt, ich könne die gleichen Werke tun, die du getan hast. Du hast die Toten auferweckt. Also werde ich die Toten auferwecken.« Ich studierte alle biblischen Fälle, in denen jemand von den Toten auferweckt worden war, und begann, mir das vorzustellen. Ich schrieb die Geschichten auf. Ich ging sie in meinem Kopf durch. Doch anstatt nur zu sehen, wie Jesus Lazarus von den Toten auferweckt, sah ich *mich* in dieser Rolle. Ich sah mich selbst, wie ich Lazarus auferweckte. Ich sah mich selbst vor dem Grab stehen und rufen: »Lazarus, komm heraus!«

Du magst mich vielleicht für verrückt halten, aber es dauerte nicht lange, bis ich anfing, davon zu träumen, Menschen von den Toten zu erwecken. Jede Nacht erweckte ich zwanzig bis dreißig Menschen wieder zum Leben. Es wurde so alltäglich, dass ich kaum noch unterscheiden konnte, wann ich wach war und wann ich schlief. Dann, eines Tages – ich war definitiv wach – starb ein Mann in einer meiner Versammlungen. Ohne groß darüber nachzudenken, befahl ich diesem Mann, ins Leben zurückzukehren, und erlebte, wie er von den Toten auferstand. Die Worte Jesu waren ein Teil von mir geworden, und der Mann wurde wieder lebendig.

Der richtige Gebrauch der Vorstellungskraft sollte etwas sein, das jeder Gläubige kultiviert. Dennoch wage ich zu behaupten, dass die meisten Menschen, die dieses Buch lesen, sich noch nie mit dem Thema Vorstellungskraft beschäftigt haben. Sie haben bisher einfach nicht darüber nachgedacht. Vielleicht fühlt es sich auch für dich ein wenig seltsam an, ein bisschen kindisch. Aber Jesus sagte: *»Wahrlich, ich sage euch: Wer das Reich Gottes nicht empfängt wie ein Kind, der wird nicht hineinkommen«* (Mk 10,15 LUT).

Jeder benutzt seine Vorstellungskraft. Aber leider setzen die meisten Menschen sie in aller Regel für negative und nicht für positive Dinge ein. Wenn du zum Beispiel unter Depressionen leidest, hast du schlichtweg deine Vorstellungskraft nicht unter Kontrolle. Deine Gedanken produzieren Bilder des Scheiterns, die sagen: *Ich werde nie gut genug sein. Die Dinge werden sich nie ändern. Es ist sinnlos, es zu versuchen.* Und obwohl du vielleicht weißt, dass diese Dinge nicht wahr sind, sitzen deine Emotionen festgeschnallt hinterm Steuer deines Lebens und *fühlen* sich so wahr an.

In 1. Könige 19 befand sich Elia in der gleichen Lage. Er hatte gerade Feuer vom Himmel herabgerufen, 850 falsche Propheten getötet, das Ende einer dreijährigen Dürre angekündigt und im Lauf einen Streitwagen überholt (1Kön 18). (Ich denke, man kann das einen erfolgreichen Tag nennen!) Doch als Isebel von seinen Heldentaten hörte und drohte, ihn zu töten (1Kön 19,1–2), brach Elia zusammen. Panisch floh er in die Wüste:

> *Und er sah* **es**; *und er machte sich auf und lief um sein Leben.*
> — *1. Könige 19,3* ELB

Elia floh, als er »es« sah. Was hat er gesehen? Der vorherige Vers gibt uns Aufschluss:

> *Da sandte Isebel einen Boten zu Elia und ließ ihm sagen: Die Götter sollen mir dies und das tun, wenn ich morgen um diese Zeit mit deinem Leben nicht so verfahre wie du mit ihrem Leben! — 1. Könige 19,2*

Elia sah sich selbst tot, wie von Isebel beschrieben, und floh deshalb aus Angst um sein Leben. Die Art und Weise, wie wir uns innerlich sehen, diktiert unsere Reaktionen.

> *Er selbst aber ging hin in die Wüste, eine Tagereise weit, und er kam und setzte sich unter einen Ginsterstrauch. Und er erbat für sich den Tod und sprach: Es ist genug! So nimm nun, HERR, mein Leben, denn ich bin nicht besser als meine Väter!*
> — *1. Könige 19,4*

Und er ging dort in eine Höhle hinein und blieb dort über Nacht. Und siehe, das Wort des HERRN kam zu ihm, und Er sprach zu ihm: Was willst du hier, Elia? Er sprach: Ich habe heftig geeifert für den HERRN, den Gott der Heerscharen, denn die Kinder Israels haben deinen Bund verlassen und deine Altäre niedergerissen und deine Propheten mit dem Schwert umgebracht, und ich allein bin übrig geblieben; und sie trachten danach, mir das Leben zu nehmen!
— 1. Könige 19,9–10

Elias Vorstellung war außer Kontrolle geraten. Er hatte gerade 850 falsche Propheten des Baal exekutiert, was sicher ein grauenhafter Anblick gewesen war. Wahrscheinlich konnte er ihre Schreie noch hören und ihr Blut immer noch riechen. Als Isebel ihm drohte, dasselbe mit ihm zu tun, fiel es Elia vermutlich nicht schwer, sein eigenes Gesicht auf einen dieser Körper zu übertragen, die er eben noch gesehen hatte (1Kön 19,2). Doch anstatt diesen Gedanken gefangen zu nehmen (2Kor 10,5), gab Elia sich ihm hin.

»Ich bin der Einzige, der noch übrig ist«, rief er, als Gott ihn fragte, warum er sich in der Wüste verkroch. Natürlich wusste Elia, dass das nicht stimmte. Obadja hatte ihm eben erst von den hundert Propheten erzählt, die er vor Isebel versteckt hatte (1Kön 18,13). Aber es spielte keine Rolle, was Elia wusste; er *fühlte* sich allein. Und diese Gefühle bestimmten seine Worte und seine Entscheidungen.

Vielleicht hast du das schon erlebt. Vielleicht ja auch gerade jetzt. Du weißt, dass es nicht das Ende der Welt ist, aber es *fühlt* sich so an. Und anstatt deine Vorstellung unter Kontrolle zu bringen, erlaubst du deinen Gedanken, deine Vision für die Zukunft zu zerstören.

Zwölf Jahre nach der Auferweckung dieses Mannes in meiner Versammlung begann ich zu denken: *Es ist schon eine Weile her, dass ich jemanden von den Toten auferweckt habe. Ich werde das jetzt wieder tun.* Und genau wie damals begann ich zu meditieren. Ich ging erneut die Beispiele von Jesus durch. Ich rief mir die Beispiele von Petrus und Paulus vor Augen. Ich fing an, mir vorzustellen, wie *ich* Menschen von den Toten auferwecke, und bald darauf begann ich, wieder davon zu träumen. Dann, ohne Vorwarnung, erhielten Jamie und ich einen Anruf. Unser Sohn war tot.

Als wir uns für die Fahrt in die Stadt fertig machten, empfanden Jamie und ich Trauer, wie es allen Eltern erginge. Anstatt uns aber mit unserem Verlust zu beschäftigen, begannen wir Gott zu loben und ihm für seine Güte zu danken. Wir erinnerten uns an Prophetien, die wir Jahre zuvor über unseren Sohn erhalten hatten, und das ließ Glaube in uns aufsteigen. Als wir im Krankenhaus ankamen, war unser Sohn bereits seit fünf Stunden tot. Er lag nackt auf einer Bahre in der Leichenhalle und hatte ein Etikett um den Zeh – als er sich aufsetzte und zu sprechen begann.

Seitdem sind über vierzig Menschen durch unseren Dienst von den Toten auferweckt worden. Wir erhalten ständig Berichte über die Wunder, die unsere Bibelschüler auf dem Missionsfeld erleben. Menschen werden gerettet. Blinde Augen werden geöffnet. Taube hören. Vor nicht allzu langer Zeit hat ein Team von Studenten für einen Mann in Nicaragua gebetet. Die Sanitäter hatten ihn schon aufgegeben, aber diese Studenten weckten ihn wieder auf. Im selben Jahr wurde in Ecuador von einer anderen Gruppe von Studenten ein Baby wieder zum Leben erweckt. Das war einfach fantastisch!

Wer würde diese Art von Wundern nicht gerne sehen? Wer würde sich nicht wünschen, wenn der eigene Sohn stirbt, dass er wieder zum Leben erwacht? Wer würde sich nicht wünschen, dass ein Familienmitglied, das an Krebs erkrankt ist, geheilt wird? Wer würde sich nicht wünschen, gesund, wohlhabend und voller Frieden zu sein, obwohl die ganze Welt leidet, mit Armut kämpft und Angst hat? Jeder wünscht sich das. Ich bin sicher, dass viele sogar dafür beten. Aber nicht viele sind bereit, zu tun, was nötig ist, um das Wort Gottes auf diese Weise wirken zu sehen.

Zwei Studenten an unserem Bibelcollege in Atlanta hörten mich hierüber lehren und begannen daraufhin, an ihrer Vorstellungskraft zu arbeiten. Als man dann bei einem Familienmitglied eine unheilbare Krankheit feststellte und dieser Person nur noch wenige Tage zu leben gab, leisteten die beiden Widerstand; sie sprachen das Wort Gottes und das Familienmitglied wurde geheilt! Eine andere Frau, die gegen den Krebs kämpfte, nahm diese Lehre an und erlebte innerhalb von vierundzwanzig Stunden, wie sie in ihrem Leben wirksam wurde. Die Frau hatte eine Strahlentherapie hinter sich und ihr Kopf glich einer Billardkugel. Sie hatte jedes einzelne Haar verloren. Vierundzwanzig Stunden nachdem wir gebetet hatten, war ihr Haar fast einen halben Zentimeter gewachsen!

Brüder und Schwestern, es besteht ein direkter Zusammenhang zwischen der Art und Weise, wie wir unsere Vorstellungskraft einsetzen, und dem, was wir von Gott zu empfangen vermögen. Ganz ehrlich: Es ist gar nicht so schwer, einen geheilten Körper zu bekommen. Gott hat unseren Körper auf Heilung ausgelegt. Der schwierige Teil ist, die eigene Vorstellungskraft zu korrektem Funktionieren zu bringen.

Wenn ich mein Leben mit dem Versuch zugebracht hätte, von Gott etwas auf der Grundlage dessen zu empfangen, was andere von mir dachten, oder des Bildes, das ich von mir selbst hatte, nämlich das eines introvertierten Hinterwäldlers aus Texas, dann würdest du dieses Buch garantiert nicht lesen. Denn ich hätte es nie geschrieben. Du hättest nie von mir gehört. Aber ich habe zugelassen, dass das Wort Gottes mein Selbstbild verändert und bestimmt, was ich zu tun vermag. Jetzt erlebe ich, wie das Leben in Fülle, das Jesus mir geschenkt hat, in mir wirkt (Joh 10,10). Ich tue die »größeren Werke« (Joh 14,12), aber erst seit meine Vorstellungskraft die Tür dazu geöffnet hat.

KAPITEL 6

Dein geistlicher Schoß

Deine Vorstellung leistet Gewaltiges. Sie ist wie dein geistlicher Schoß. So wie eine Frau nicht gebären kann, ohne vorher in ihrem Schoß empfangen zu haben, kannst du die Pläne und Verheißungen Gottes nicht zur Geburt bringen, ohne sie vorher in deiner Vorstellung empfangen zu haben.

Ich glaube nicht, dass ich das erklären muss, aber eine Frau kann ein Kind nicht im Alleingang zeugen. Und es gibt auch keinen Storch. Genauso wenig kann eine Frau schwanger werden, indem sie neben einer Schwangeren steht oder aus deren Tasse trinkt. Sie muss mit einem Mann intim werden – und damit meine ich nicht, sich eine Zahnbürste zu teilen. Es muss ein Samen gepflanzt werden. Das Gleiche gilt für jede gläubige Person, die etwas von Gott empfangen möchte. Er oder sie muss mit dem Wort intim vertraut sein.

In 1. Petrus 1,23 heißt es, dass wir durch den unvergänglichen Samen des Wortes Gottes wiedergeboren werden. Gottes Wort ist der Same. Aber damit dieser Same sich wirksam entfalten kann, muss er gepflanzt werden. Das ist der Grund, warum viele Gläubige zwar um Heilung oder Wohlstand beten und beides doch nie empfangen. Sie mögen glauben, dass das Wort wahr ist, aber sie haben kein intimes Verhältnis zum Wort. Ihr geistlicher Schoß ist unfruchtbar.

Vor Jahren hörte ich das Zeugnis über die Frau eines Pastors, die sehr schlecht sehen konnte. Sie war stark sehbehindert, fast schon blind, und ihre Brillengläser waren so dick wie Flaschenböden. Obwohl sie den Predigten ihres Mannes über Heilung Glauben schenkte, war sie einfach nicht in der Lage, die darin enthaltenen Wahrheiten auf ihr eigenes Leben zu übertragen und sie mit ihrem inneren Auge zu sehen. Ganz gleich, wie viele Menschen für sie beteten, sie erreichte nie die gewünschten Resultate. Die Frau verlor mit der Zeit die Hoffnung, jemals ohne Brille sehen zu können.

Eines Tages kam ein Heilungsevangelist in ihre Kirche. Da sie wusste, dass er sie fragen würde, ob er für sie beten dürfe, tat sie ihr Möglichstes, ihm aus dem Weg zu gehen. Schließlich, am Ende der Woche, bekam der Evangelist sie zu fassen. »Ich möchte für dich beten«, sagte er. »Nimm deine Brille ab.«

Der Mann betete und fragte dann: »Kannst du sehen?« Als die Frau des Pastors ihre Augen zu öffnen begann, sagte der Evangelist: »Mach die Augen zu!« Also schloss sie ihre Augen.

Er fragte erneut: »Kannst du sehen?« Wieder begann die Frau, ihre Augen zu öffnen, aber der Heilungsevangelist hielt sie zurück. »Lass die Augen zu!«, sagte er. Inzwischen fragte sich die Frau, ob der Mann wohl nicht ganz bei Sinnen war. Wie konnte sie feststellen, ob ihre Augen geheilt waren, wenn sie diese nicht öffnete?

Ein drittes Mal fragte der Mann: »Kannst du sehen?« Doch als die Frau diesmal ihre Augen zu öffnen begann, sagte er: »Ich habe nicht gesagt, dass du deine Augen öffnen sollst. Du musst erst sehen, wie du siehst, bevor du sehen kannst.« Endlich begreifend, was der Mann ihr zu vermitteln versuchte, hielt die Frau des Pastors ihre Augen geschlossen und betete im Geist.

»Ich kann es sehen«, sagte sie nach ein paar Minuten. »Ich kann sehen, wie ich sehe.«

»Öffne die Augen«, sagte er. Die Frau des Pastors öffnete langsam ihre Augen. Sie konnte sehen!

Wenn mehr von uns dieses Konzept verstehen würden, könnten wir beim Beten andere Ergebnisse erzielen. Stattdessen öffnen wir nach dem Gebet sofort die Augen, überprüfen unser Portemonnaie und betasten unseren Körper, um zu sehen, ob etwas geschehen ist. Aber Wunder kommen nicht von außen, sie kommen von innen.

Du kannst nicht um Heilung beten, während du deine Beerdigung planst. Du musst deine Vorstellungskraft benutzen und mit ihrer Hilfe »sehen«, wie das Wort Gottes in deinem Leben sein Werk tut. Warte nicht auf physische Manifestationen als Bestätigung dafür, dass Gottes Verheißungen wahr sind. Sieh dich stattdessen schmerzfrei laufen. Sieh dich, wie du nachts durchschläfst; wie du lebst, anstatt zu sterben; wie du isst, was du bisher nicht essen konntest.

Während eines Konjunkturabschwungs, als die Aktienkurse einbrachen, ging es Jamie und mir gut. Unsere persönlichen Investitionen stiegen um fünfzig Prozent. Das kann ich nur unserem Gehorsam gegenüber dem Heiligen Geist und dem inneren Bild zuschreiben, das wir über Jahre hinweg aus Gottes Wort aufgebaut haben. In 5. Mose 28,8 heißt es: »Der HERR wird dem Segen gebieten, dass er mit dir sei in deinen Scheunen und in allem, was du unternimmst.« Jamie und ich haben das geglaubt. Selbst als wir so arm waren, dass wir nicht einmal ein Hungertuch hatten, an dem wir nagen konnten, haben wir daran geglaubt. Wir stellten uns vor, wie es wäre, in den Supermarkt zu gehen und mit allem, was wir wollten, wieder herauszukommen. Wir haben uns vorgestellt, wie es sein würde, schöne Autos zu fahren und schuldenfrei zu leben. Wir beschränkten unsere Vorstellungen nicht auf den Rahmen, den die Erfahrungen unserer Familien oder die unseres Umfelds vorgaben. Wir ließen uns stattdessen von Gottes Wort ein neues Bild zeigen.

Das hebräische Wort *jezer* wird im Alten Testament mehrfach mit »Vorstellungskraft« oder »Vorstellungen« übersetzt. *Jezer* bedeutet »ein Gebilde« oder »Empfängnis« (Strong's Concordance). Deine Vorstellung ist der Ort, an dem du empfängst. Sie ist dein geistlicher Schoß. Und so wie eine Frau ohne natürliche Empfängnis nichts Natürliches gebären kann, kannst du ohne geistige Empfängnis nichts Übernatürliches gebären. Mit anderen Worten: Bevor du ein Wunder oder eine der Verheißungen Gottes zur Geburt bringen kannst, musst du das Wort zuerst in deiner Vorstellung empfangen.

In Jesaja 26,3 (NLB), einem wohlbekannten Bibelvers, heißt es:

Die mit einem festen Sinn umgibst du mit Frieden,
weil sie ihr Vertrauen auf dich setzen!

Das Wort, das hier mit »Sinn« übersetzt wurde, ist dasselbe hebräische Wort: *jezer*. Die Vorstellungskraft, die Teil des Verstandes ist, ist der geistliche Schoß, in dem wir empfangen.

In Sprüche 29,18 (KJV) steht: *»Wo keine Vision ist, geht das Volk zugrunde.«* Wir erinnern uns: Eine Vision ist ein geistiges Bild, das in der Vorstellung entsteht. Was du dir vorstellst – was du dich tun siehst, als wen du dich wahrnimmst –, ist das, was du ausleben wirst. Weißt du noch, was der Herr sagte, als er das Volk den Turm von Babel bauen sah? »Sie sind ein einziges Volk und sprechen alle dieselbe Sprache. Wenn sie diesen Bau vollenden, wird ihnen nichts mehr unmöglich sein. Sie werden alles ausführen, was ihnen in den Sinn kommt.« (1Mo 11,6). Vor der Manifestation kommt die *Imagination*. Wenn du dir nicht vorstellen kannst, dass du tust, wozu Gott dich berufen hat, oder dass du seine Verheißungen auch erlebst, wirst du diese Dinge nie mit deinen physischen Augen in

Erfüllung gehen sehen. Man muss sie erst innerlich wahrnehmen, bevor man sie äußerlich sehen kann.

Die heutige Art der Lebensführung ist dem, wovon ich spreche, nicht gerade zuträglich. Wir sind einfach zu beschäftigt. Wir denken irrigerweise, dass Geschäftigkeit gleichbedeutend mit Produktivität ist. Aber ein Leben, in dem es so hektisch zugeht wie bei einem einarmigen Tapezierer, ist kein gutes Leben. Die Bibel sagt, dass wir uns Zeit nehmen müssen, um »still« zu sein (Ps 46,11).

Es gab bisher nie einen Grund, die Zeit zu bereuen, in der ich anderes beiseitelegte, meine Vorstellungskraft aktivierte und die Gemeinschaft mit dem Herrn suchte. Am Ende solcher Auszeiten bin ich immer erfrischt und habe eine bessere und klarere Sicht auf die Dinge. Ich frage mich gerade, warum ich das nicht noch öfter mache! Man kann schnell so beschäftigt sein, dass man sich nicht mehr die Zeit nimmt, sich hinzusetzen und seine Vorstellungskraft bewusst und sinnvoll zu nutzen. Doch wenn wir unserer Vorstellungskraft weder Ziel noch Richtung vorgeben, wird sie anfangen, gegen uns zu arbeiten.

Das hebräische Wort, das man mit »Vorstellungskraft« übersetzen kann, findet sich erstmals im ersten Buch Mose. Nachdem Adam und Eva gefallen waren und die Menschen bis zu dem Punkt verkamen, dass sie durch und durch schlecht waren, wurde ihre Bosheit so groß, dass es Gott reute, die Menschen geschaffen zu haben.

> *Und der HERR sah, dass die Bosheit des Menschen auf der Erde groß war und alles Sinnen der Gedanken seines Herzens nur böse den ganzen Tag. — 1. Mose 6,5* ELB

Welch eine erschreckende Aussage! Das gesamte Menschengeschlecht hatte sich so weit von Gottes Absicht entfernt, dass ihr

»Sinnen« – das, was sie sich *vorstellten* – stets »nur böse« war. Einen unerneuerten Geist – eine Gedankenwelt, die ohne Führung ist – zieht es zum Bösen, zum Negativen hin. In Psalm 140,3 (ELB) heißt es, dass diejenigen, die Gott nicht kennen, »Bosheiten ersinnen im Herzen«.

Ob du dir dessen bewusst bist oder nicht, alles Böse, alle Sünde, entsteht in der Vorstellung des Menschen. Du kannst mit deinem Körper nirgendwohin gehen, wo du nicht schon in deiner Vorstellung gewesen bist. Du kannst nicht stehlen oder Ehebruch begehen, ohne dich vorher mit dem Gedanken daran zu beschäftigen. Du planst vielleicht nicht, die örtliche Bank auszurauben, und du denkst vielleicht auch nicht darüber nach, welche Kollegin oder welcher Kollege am ehesten für eine Affäre zu haben ist, aber du siehst dir Filme und Fernsehsendungen an, in denen Menschen gezeigt werden, die diese Dinge tun. Sie betrügen, lügen und stehlen. Sie leben unverheiratet zusammen. Sie haben Affären und leben in Homosexualität. Sie tun Dinge, die dem Wort Gottes völlig zuwiderlaufen. Du denkst vielleicht, dass es dich nicht betrifft, aber laut 1. Korinther 15,33 irrst du dich: *»Schlechter Umgang verdirbt gute Sitten.«* Man kann die Gottlosigkeit der Welt nicht zur Unterhaltung nutzen, ohne dass sie einen beeinflusst. Es ist wie beim Tunnelbau: Man kann durch Erde und Felsen hindurch keine Straße bauen oder einen Abflusskanal verlegen. Man muss zu erst den Raum dafür aushöhlen.

Vor Jahren stand in Colorado die Legalisierung von Marihuana für den privaten Konsum auf dem Stimmzettel. Es wurde den Menschen als »harmlose« Droge und als gute Möglichkeit zur Erhöhung der Steuereinnahmen präsentiert. Die Wählerinnen und Wähler stimmten 2012 für die Legalisierung, und jetzt nimmt der Staat jedes Jahr Millionen von Dollar an zusätzlichen Steuergeldern ein. Aber es kam nicht zu dem von den Befürwortern propagierten Wirtschaftswunder. Stattdessen ist die Zahl der Obdachlosen angewachsen. Der Bedarf an Polizeikräften für Strafverfolgungsmaßnahmen ist gestiegen. Probleme mit der psychischen Gesundheit haben zugenommen. Und doch preisen die Nachrichtensender die Entwicklung als positiv an. Sie sprechen nicht über den gestiegenen Drogenkonsum unter Teenagern. Sie schweigen über die Zahl der Kinder, die wegen dieser Droge in der Notaufnahme landen, oder über die Zahl der Anrufe bei der Giftnotrufzentrale. Es wird nichts Negatives darüber berichtet. Ihre voreingenommene Darstellung zeichnet ein Bild, das die Art und Weise beeinflusst, wie die Menschen über Marihuana denken.

Worte haben Macht. Sie erschaffen Bilder. Sie pflanzen Samen. Jedes Wort, das du liest, jedes Wort, das du sprichst, und jedes Wort, das du hörst, lässt ein Bild in deinem Kopf entstehen. In Sprüche 18,21 heißt es: »Tod und Leben steht in der Gewalt der Zunge, und wer sie liebt, der wird ihre Frucht essen.« Gottlosigkeit als normal dargestellt zu sehen oder den Halbwahrheiten der Medien zuzuhören, höhlt dein Denken aus und gibt deinem Körper die Erlaubnis, deinen Gedanken zu folgen. Und wenn du nicht aufpasst, wird diese Erlaubnis Früchte tragen und dich Sünde gebären lassen (Jak 1,15).

KAPITEL 7

Die Versuchung überwinden

In Hebräer 11, der »Ruhmeshalle des Glaubens«, ist die Rede von Abrahams Gehorsam, sich an einen Ort zu begeben, den er später erben sollte, obwohl er zu dem Zeitpunkt nicht wusste, wohin er gehen würde. In Hebräer 11,13 heißt es, er sei »im Glauben gestorben, ohne das Verheißene empfangen zu haben, sondern … [habe] es nur von ferne gesehen«. Abraham hat das verheißene Land nie geerbt. Obwohl Gott gesagt hatte, dass er Abrahams Nachkommen das Land der ganzen Länge und Breite nach geben würde (1Mo 13,17), war das einzige Stück Land, das Abraham in Kanaan je besaß, ein kleines Feld mit einer Höhle, die er als Grab für seine Frau Sara nutzte. Er erlebte nicht, wie sich die Verheißung Gottes in seinem Leben in vollem Umfang erfüllte; er sah sie nur »von ferne«.

Ohne sie in den Händen zu halten, sah Abraham in seiner Vorstellung alle Verheißungen Gottes bereits in Erfüllung gehen. Und jeden Tag rief er sich diese Verheißungen ins Gedächtnis, wenn er in den Himmel schaute oder durch das Land zog. Jeden Tag dachte er an sie, während er Geschäfte machte und seine Familie anführte. Als der Herr Abrahams Namen von Abram (»erhabener Vater«) in Abraham (»Vater der Menge«) änderte, war das eine Erinnerung an Gottes Verheißung (1Mo 17,5). Dies bot ihm einen Ausweg aus der Versuchung, ins Zweifeln zu geraten. Sechsundzwanzig Jahre lang nannte sich Abraham »Vater der Menge«, bevor er auch nur *einen* Sohn hatte!

Gott gab Abraham eine weitere Gedächtnisstütze für seine Verheißung, als er ihm sagte, er solle die Sterne am Himmel zählen (1Mo 15,5) und den Sand am Meeresufer (Hebr 11,12). Abraham lebte in einem Zelt, nicht in einem Haus. Er hatte kein künstliches Licht. Abraham trug Sandalen, keine Stiefel. Er lebte in der Wüste. Jede Nacht, wenn Abraham draußen saß, sah er unzählige Sterne. Jeden Tag, wenn er durch das Land wanderte, blieb Sand zwischen seinen Zehen haften. Tag für Tag erinnerte Abraham sich an Gottes Worte. Sie regten seine Vorstellungskraft an und ließen ein Bild davon entstehen, wer er war. Diese Vision ließ Abraham im Glauben weitergehen.

Auch wir, jeder von uns, hat ein Bild vom eigenen Leben, aber in vielen Fällen ist es ein negatives Bild. Was wir mit unseren physischen Augen sehen, ist für uns realer als das, was wir mit den Augen des Glaubens sehen. Wir haben vielleicht ein Wort von Gott, aber wir nähren dieses Wort nicht in unserer Vorstellung. Wir gehen nicht schwanger damit.

Die meisten Menschen erleben die vollumfängliche Erfüllung von Gottes Willen in ihrem Leben deshalb nicht, weil sie schlechten Umgang pflegen (1Kor 15,33). Sie setzen sich Zweifel und Unglauben aus und ersetzen Gottes Maßstab durch den der Welt. Sie verfehlen das Ziel.

Es hat euch bisher nur menschliche Versuchung betroffen. Gott aber ist treu; er wird nicht zulassen, dass ihr über euer Vermögen versucht werdet, sondern er wird zugleich mit der Versuchung auch den Ausgang schaffen, sodass ihr sie ertragen könnt. — 1. Korinther 10,13

Man kann sich nicht durch etwas verführen lassen, worüber man nicht nachdenkt. Mir wurde gesagt, dass Menschen, die zum ersten Mal Bier oder Schnaps trinken, es überhaupt nicht mögen, aber aus dem Wunsch heraus, von Gleichaltrigen akzeptiert zu werden, machen sie beharrlich weiter, bis sie einen Geschmack dafür entwickeln. Das Gleiche gilt für das Rauchen von Zigaretten. Wenn jemand zum ersten Mal raucht, wird er grün im Gesicht und ihm wird speiübel. Die Wahrheit ist, dass es nicht der Alkohol oder die Zigaretten sind, die einen Menschen in Versuchung führen. Vielmehr ist es der Wunsch nach Akzeptanz und danach, wie alle anderen zu sein. Gott bietet zwar immer einen Ausweg aus der Versuchung (1Kor 10,13), aber der beste Weg, Sünde und Versuchung zu überwinden, besteht darin, gar nicht erst in Versuchung zu geraten.

Viele Menschen halten das für unmöglich, aber das ist es nicht. Es ist möglich, sich so sehr auf die Dinge Gottes zu konzentrieren, dass man nur noch an sein Wort denkt und ausschließlich seinen Willen vor Augen hat. Genau wie Abraham kann man sich so sehr auf Gottes Führung fokussieren, dass man immun gegen Versuchungen wird. Im Hebräerbrief steht:

> *Diese alle sind im Glauben gestorben, ohne das Verheißene empfangen zu haben, sondern sie haben es nur von ferne gesehen und waren davon überzeugt, und haben es willkommen geheißen und bekannt, dass sie Gäste ohne Bürgerrecht und Fremdlinge sind auf Erden; denn die solches sagen, geben damit zu erkennen, dass sie ein Vaterland suchen. Und hätten sie dabei jenes* ***im Sinn gehabt****, von dem sie ausgegangen [ausgezogen] waren, so hätten sie ja Gelegenheit gehabt, zurückzukehren. — Hebräer 11,13–15*

Der Autor des Hebräerbriefs führt weiter aus, dass Abraham nicht nach einem physischen Land strebte. Er strebte nach einem himmlischen Land (Hebr 11,16). Aber man beachte, was der Autor in Hebräer 11,15 sagt: »Und hätten sie dabei jenes **im Sinn gehabt**, von dem sie ausgegangen waren, so hätten sie ja Gelegenheit gehabt, zurückzukehren.«

Abraham und Sarah kamen aus Ur, dem Land der Chaldäer (1Mo 11,31). Weißt du, wer in Ur lebte? Abrahams Urgroßvater und Großvater: Noah und sein Sohn Sem. Alle Generationen seit Noah waren noch am Leben, aber Gott befahl Abraham, sie zu verlassen (1Mo 12,1).

Die Bibel macht keine genauen Angaben, aber Abraham war wahrscheinlich zwischen fünfunddreißig und vierzig Jahre alt, als Gott zum ersten Mal zu ihm redete. Er war fünfundsiebzig, als er schließlich nach Kanaan aufbrach (1Mo 12,4). Er brauchte also mindestens fünfunddreißig Jahre, bis er Gottes Aufforderung nachkam! Abraham gehorchte ihm aber nicht hundertprozentig. Er nahm nämlich seinen Neffen Lot mit.

Gott forderte Abraham auf, das Haus seines Vaters und alle seine Verwandten zu verlassen (1Mo 12,1). Da jedoch Abrahams Bruder gestorben war, beschloss er, Lot mitzunehmen. Wahrscheinlich tat ihm sein Neffe leid und er wollte sich um ihn kümmern. Die meisten Menschen würden das für eine noble Geste halten – ein guter Grund, Gott nicht zu gehorchen, war es dennoch nicht. (Es gibt nie einen guten Grund, Gott ungehorsam zu sein!)

Gott wusste über Lot Bescheid. Er wusste, dass Lots Vater gestorben war. Er wusste aber auch, was passieren würde, wenn Abraham Lot mitnähme. Falls du es nicht mehr weißt: Es kam zum Streit zwischen Abrahams und Lots Bediensteten, und Abraham und Lot trennten sich (1Mo 13). Lot zog in das fruchtbare Tal von Sodom. Dort wurde seine ganze Familie gefangen genommen. Mindestens zwei seiner Töchter kamen ums Leben, als der Herr die Stadt richtete; sein ganzes Hab und Gut ging verloren und seine Frau wurde in eine Salzsäule verwandelt. Später machten seine beiden anderen Töchter ihn betrunken und trieben Inzest mit ihm, damit sie schwanger würden! Wie hätte es Lot noch schlechter ergehen können, wenn Abraham Gott gehorcht und Lot zurückgelassen hätte?

Die meisten Christen gehorchen auf die gleiche Weise. Sie erhalten ein Wort vom Herrn und interpretieren es so, wie sie es für richtig halten. Sie fügen etwas hinzu oder nehmen etwas weg und denken: »Sicherlich hat Gott nicht bedacht, dass …« Die Leute kommen ständig zu mir und sagen: »Gott hat mir gesagt, dass ich ans Charis Bible College gehen soll, aber mich trennen nur noch zehn Jahre vom Ruhestand. Ich kann das nicht aufgeben.« Also gehen sie davon aus, Gott müsse gemeint haben, dass sie in zehn Jahren zu Charis kommen sollen. Oder sie denken, er hätte ruhig noch zehn Jahre mit dieser Aufforderung warten können. Nichts da! Versuche das, was Gott dir aufgetragen hat, nicht erst noch genau zu ergründen. Tu es einfach.

> *Vertraue auf den HERRN von ganzem Herzen und verlass dich nicht auf deinen Verstand; erkenne Ihn auf allen deinen Wegen, so wird Er deine Pfade ebnen. Halte dich nicht selbst für weise. — Sprüche 3,5-7a*

Einer meiner Mitarbeiter stand im Dienst der kalifornischen Autobahnpolizei, bevor er nach Colorado zog. Als er zu Charis kam, war er gerade mal zwei Jahre von der Pensionierung entfernt. Die Leute hielten ihn für verrückt, einfach so seine Pensionsansprüche aufzugeben und mit seiner Familie in die Berge zu ziehen. Aber dieser Mann wusste, was Gott gesagt hatte, und er beschloss, zu gehorchen. Und das war gut für seine Familie. Ich weiß nicht, was passiert wäre, wenn er nicht gehorcht hätte. Vielleicht wäre es zu einer Tragödie gekommen. Er hätte erschossen werden können. Seine Kinder hätten von der herrschenden Kultur mitgerissen werden können. Wer weiß das schon? Der Punkt ist, dass du das nicht zu wissen brauchst. Folge einfach Gott und lass die Dinge geschehen, wie sie sollen. Verlass dich nicht auf deinen eigenen Verstand und halte dich nicht für zu klug.

Ein Freund von mir, Rick Renner, diente in der Gegend von Chicago auf einem Kongress. Er war an dem fraglichen Abend nicht der Redner, aber er plante, als Zuhörer zu der Veranstaltung zu gehen. Im Laufe des Tages wurde ihm jedoch immer deutlicher vom Geist bezeugt, dass er an diesem Abend nicht hingehen solle. Er sprach mit seiner Frau Denise darüber, aber beide waren der Meinung, dass es nicht richtig wäre, nur die Veranstaltungen zu besuchen, auf denen Rick sprach. Also beschlossen sie, trotzdem zu gehen.

Sie fuhren den ganzen Weg bis zur Kirche, aber schließlich war Rick dann doch so davon überzeugt, dass er nicht dort sein sollte, dass er umdrehte und zum Hotel zurückkehrte. Als er dort ankam, stellte er fest, dass in sein Zimmer eingebrochen worden war. Man hatte seinen Computer gestohlen, auf dem zwei Buchmanuskripte abgespeichert waren, an denen er gerade arbeitete. In dem Moment verstand er, warum der Herr ihm gesagt hatte, er solle an diesem Abend nicht zu der Veranstaltung gehen.

Weißt du, was passiert wäre, wenn Rick auf seinem Zimmer geblieben wäre? Nichts! Jemand hätte an die Tür geklopft, aber wenn er geantwortet und sich so als anwesend bemerkbar gemacht hätte, wäre absolut nichts passiert. Wenn wir der Führung des Herrn gehorchen, wissen wir diesseits der Herrlichkeit vielleicht nicht immer, was passiert wäre, wenn wir es nicht getan hätten. Aber wie bei Abraham und Lot ist es immer besser, Gott einfach zu gehorchen und den Ausgang der Ereignisse ihm zu überlassen.

Vertrau Gott einfach. Abraham hat es getan. Hätten Abraham und Sara an all das gedacht, was sie zurückgelassen hatten, an all die Menschen, die sie nie wieder sehen würden, wären sie versucht gewesen, Gottes Verheißung aufzugeben und nach Ur zurückzukehren. Für sie kam die Rückkehr einer Sünde gleich. In Hebräer 11,15 heißt es: »Und hätten sie dabei jenes **im Sinn gehabt**, von dem sie ausgegangen waren, so hätten sie ja Gelegenheit gehabt, zurückzukehren.« Da Abraham und Sara nicht darüber nachdachten, was sie zurückgelassen hatten, gerieten sie laut Hebräerbrief gar nicht erst in Versuchung, dorthin zurückzukehren. Einfach großartig!

Vielleicht denkst du: *Wir alle könnten große Männer und Frauen Gottes sein, wenn wir nie in Versuchung kämen, etwas anderes zu tun.* Aber du musst verstehen, dass Gott Abraham und Sara nichts gab, was er nicht auch dir gegeben hat (Hebr 8,6). Wenn Gott es für sie tun konnte, wird er es auch für dich tun. Er bevorzugt niemanden (Röm 2,11). Er hat dir alles gegeben, was du brauchst, um ein Leben in der Fülle zu erfahren (2Petr 1,3; Joh 10,10). Er hat dir sein Wort, seine Gnade und den Heiligen Geist gegeben. Und er hat dir die Kraft zur Gestaltung deiner Vorstellungswelt gegeben, in die du den Samen seines Wortes einpflanzen kannst, damit dieser Leben hervorbringt. Bleibe gedanklich fokussiert. Halte dein Denken auf Gottes Verheißungen ausgerichtet, dann wirst du Versuchung vermeiden.

KAPITEL 8

Ein Leben oberhalb der Norm

Die meisten Christen leben nicht anders als ihre unerlösten Mitmenschen. Sie lassen zu, dass das, was sie sehen und lesen, in ihrer Vorstellung den Grundstein für Sünde legt. Anstatt sich Inhalte aus Gottes Wort vorzustellen, leben sie ersatzweise durch die Figuren, die sie in Filmen sehen. Sie werden krank, wenn ihre Nachbarn krank werden. Sie fürchten, was ihre Mitmenschen fürchten. Sie lügen genauso häufig, tratschen gleichermaßen viel und werden ebenso oft zornig wie die Menschen in ihrem Umfeld. Die meisten Christen orientieren sich mehr an der Welt als an den Dingen Gottes. Sie gehen in Kirchen, die so tot sind, dass bei einem Notruf der halbe Saal ausgeräumt wäre, bevor die Einsatzkräfte die echte Leiche fänden. Käme dort jemand auf den Gedanken, bei der Anbetung die Hand zu heben, würde sich ein Sitznachbar hinüberbeugen und flüstern: »Es ist gleich den Flur hinunter, erste Tür links.« Sie halten die Vorstellung, den Kranken die Hände aufzulegen (Mk 16,18) oder in Wohlstand und Gesundheit zu leben (3Joh 2), für puren Hochmut.

Brüder und Schwestern, wenn ihr euch mit dem Tod umgebt, wird das in eurem Leben Tod erzeugen. »Schlechter Umgang verdirbt gute Sitten!« (1Kor 15,33). Er zerstört die Sensibilität für Gottes Wort. Hör auf, über Gottloses nachzudenken. Hör auf, dir Versagen vorzustellen. Hör auf, Menschen beim Leiden und Sterben zuzusehen und dir zu denken: *Alles ganz normal.* Für einen Christen ist das nicht normal!

Du bist anders als deine Nachbarn. Gott hat dich dazu geschaffen, im Sieg zu wandeln (1Joh 5,4). Er hat dich zur Teilhabe am Erbe Christi berechtigt (Kol 1,12). Dein Leben sollte anders sein. Umgib dich mit Menschen, die Gottes Wort glauben und aussprechen. Stell dir vor, wie das Wort Gottes in deinem Leben wirksam ist. Kultiviere eine Atmosphäre des Glaubens. Wenn der Arzt dann sagt, dass du sterben wirst, bist du in der Lage, ein anderes Bild zu sehen. Das Wort wird in dir aufsteigen und du wirst sagen: »Ich werde nicht sterben, sondern leben und die Taten des HERRN verkünden« (Ps 118,17).

Nach den Anschlägen vom 11. September hatten viele Christen plötzlich Flugangst. Sie reagierten exakt so, wie die Welt reagierte. Aber Gott hat keinem von uns einen Geist der Furcht gegeben (2Tim 1,7).

Gott ist unsere sichere Zuflucht, ein bewährter Helfer in aller Not. Darum haben wir keine Angst, auch wenn die Erde bebt und die Berge ins Meer versinken, wenn die Fluten toben und tosen und die Berge davon erzittern. — Psalm 46,2–4a GNB

Wenn dein Fokus auf dem Wort Gottes liegt, ist es ohne Belang, womit die Welt dich bombardiert. Es spielt dann keine Rolle, mit welchen Umständen du konfrontiert bist – du wirst dich nicht fürchten.

Keiner Waffe, die gegen dich bereitet wird, soll es gelingen, und jede Zunge, die sich zum Rechtsstreit gegen dich erhebt, sollst du schuldig sprechen. ***Das ist das Erbteil*** *der Knechte des HERRN, und ihre Gerechtigkeit kommt von mir, spricht der HERR. — Jesaja 54,17* LUT

Übernatürlicher Schutz ist Teil deines Erbes. Aber dieser Vers sagt auch, dass du jedes Wort verurteilen musst, das sich gegen dich erhebt, jedes Wort, das deinem Glauben zuwiderläuft. Gott wird das nicht für dich tun. Wenn du dem Teufel widerstehst, wird er vor dir fliehen (Jak 4,7). *Du* musst es tun. Worte haben Macht. Sie können Waffen (Jes 54,17) oder süß wie Honig sein (Spr 16,24). Jedes Wort, das du hörst und sprichst, bringt dich entweder näher zu Gott und lässt sein Wort in deiner Vorstellung lebendig werden, oder macht dich taub für seine Eingebungen und erzeugt Tod in deinem Leben.

Ich bin in einem christlichen Elternhaus aufgewachsen. Mir wurden konservative, christliche Werte vermittelt und ich glaubte, dass das, was die Bibel sagt, wahr ist. Ich bin sicher, dass ich von Homosexualität, Ehebruch und Prostitution gehört habe, aber ich habe nie darüber nachgedacht. Ich habe mir nie Pornografie angeschaut. Im Jahr 1968, gleich nach meiner Begegnung mit dem Herrn, dachte meine Mutter, ich hätte den Verstand verloren. Sie wollte, dass mein Baptistenpastor mir alles ausredet, was soeben geschehen war, also schickte sie mich mit einer Jugendgruppe auf eine dreiwöchige Missionsreise ins schweizerische Bern, wo er mich zur Vernunft bringen sollte.

Am ersten Abend unserer Reise machten wir Halt in New York City. Dieser Dorfjunge aus dem texanischen Hinterland war überwältigt! Wir fuhren in die Innenstadt, um uns die Sehenswürdigkeiten anzuschauen. Wir besuchten den Broadway. Wir zogen bis in die frühen Morgenstunden durch die Straßen. Ich bin in dunkle Seitengassen gelaufen und habe Traktate verteilt. Ich habe mit Bandenmitgliedern gesprochen. Ich habe jedem gegenüber Zeugnis gegeben. Ich wusste nicht genug, um Angst zu haben.

Ich erinnere mich, dass ich in die 42. Straße einbog und an der Ecke 42. und Broadway auf eine Reihe von Mädchen stieß, die alle entlang einer Mauer standen. Ich hatte noch ein paar Traktate übrig, also ging ich den ganzen Straßenabschnitt hinunter und drückte jedem Mädchen eines davon in die Hand. (Mir war gar nicht klar, was sie dort um drei Uhr nachts machten.) Als ich anfing zu predigen, begannen sie alle davonzuschlendern. Bald darauf kam ein Zuhälter auf mich zu und versuchte, mir eines seiner Mädchen anzubieten. Ich verstand überhaupt nicht, wovon er redete. Ich weiß noch, wie er sich kopfschüttelnd umdrehte und beim Weggehen resignierend die Hände in die Luft warf. Er muss sich gefragt haben, unter welchem Stein ich wohl hervorgekrochen war. Aber weißt du, seine Worte haben mich keine einzige Sekunde in Versuchung geführt. Ich wusste nicht genug, um versucht zu sein. Ich verstand nicht, worauf er hinauswollte. Ich musste nicht beten: »Hilf mir, Jesus!« Das mag dir unnormal vorkommen, aber es beweist, dass man nicht mit etwas in Versuchung geführt werden kann, an das man nicht denkt.

Wenn du mit Versuchung oder Versagen zu kämpfen hast, liegt das daran, dass du das eine oder andere gedanklich schon durchgespielt hast. Du siehst Ehebruch in Filmen. Du beobachtest auf dem Bildschirm Menschen beim Lügen. Du lässt zu, dass deine Emotionen deine Lieblingscharaktere an Orte begleiten, an die du dich physisch nie begeben würdest. Du erlaubst deiner Fantasie, Sünde zu ersinnen, die im Nu Wirklichkeit werden kann.

Vor Jahren hörte ich von einem Ehepaar, das Seelsorge für Ehepaare anbot. Einige Leute waren gegen das, was sie taten, und versuchten, dem Ehemann eine Falle zu stellen. Da dieser Mann oft allein reiste, engagierten sie eine Stripperin, die in sein Hotelzimmer gehen und sich ihm anbieten sollte. Obwohl er nicht vorgehabt hatte, zu sündigen, gab er der Versuchung nach. Man hatte Kameras installiert und zeichnete die gesamte Begegnung auf Video auf. Als die Nachricht die Runde machte, ruinierte sie natürlich seinen

Dienst und fügte seiner Frau großen Schaden zu. Bei seiner Entschuldigung sagte er: »Es tut mir leid. Ich wollte das nicht tun. Ich wurde hereingelegt. Ich konnte mich einfach nicht zurückhalten.« Aber genau wie Abraham hätte er nicht mit etwas versucht werden können, über das er nicht nachgedacht hatte.

Es ist viel einfacher, Sünde und Negativität in deinem Leben zu vermeiden, wenn du dich darin übst, ihr den Weg in deine Vorstellung zu verwehren. Ich kann dir garantieren, dass ich hier und jetzt nicht fähig wäre, Ehebruch zu begehen. Ganz egal, in welche Lage du mich brächtest, du könntest mich nicht dazu bewegen, Jamie das anzutun. Ich liebe sie. Ich liebe Gott. Mein Herz ist fest darauf ausgerichtet, seinen Willen zu erfüllen. Würde ich jetzt allerdings aufhören, Gottes Nähe zu suchen, könnte ich vielleicht in ein oder zwei Jahren alles tun, wozu auch andere fähig sind. Aber ich kann es *heute* nicht tun. Ich denke einfach nicht über diese Dinge nach. Ich lebe oberhalb der Norm, weil ich gelernt habe, meine Vorstellungskraft zu kontrollieren.

> *... so zerstören wir überspitzte Gedankengebäude und jede Höhe, die sich gegen die Erkenntnis Gottes erhebt, und nehmen jeden Gedanken gefangen unter den Gehorsam Christi — 2. Korinther 10,4b–5* ELB

Wenn du erleben willst, dass sich dein Leben ändert, solltest du nicht beten: »Gott, werde diese Person für mich los. Bring die Regierung in Ordnung. Gib mir einen neuen Job. Tu dies. Ändere das.« Verändere stattdessen deine Vorstellungswelt. Wenn du dir etwas vorstellen kannst, kannst du es auch tun, aber du kannst unmöglich etwas tun, was du dich in deiner Vorstellung nie hast tun sehen.

Wie ich schon sagte, wuchs ich in einem strengen, gesetzlichen Umfeld auf. In meiner Kirche war das Tanzen eine Erfindung des Teufels. Tanzen schickte Menschen in die Hölle. Man passierte nicht das Feld »Los« und kassierte 200 Dollar, sondern fuhr direkt in die Hölle. Ich erinnere mich, dass mich einmal, als ich etwa vierzehn Jahre alt war, ein Mädchen an einem Mittwochabend zu sich nach Hause einlud. Es war der erste Mittwochabend-Gottesdienst, den ich je in meinem Leben verpasst hatte. Als ich bei ihr ankam, stellte ich fest, dass ihre Eltern nicht zu Hause waren und dass mehrere andere Paare ebenfalls anwesend waren. Als die Musik anfing zu spielen und alle zu tanzen begannen, konnte ich gar nicht schnell genug dort rauskommen! Ich fühlte mich so schuldig. Ich rief meinen Bruder an und er brachte mich zur Kirche, bevor der Gottesdienst zu Ende war. So nah war ich dem Tanzen noch nie in meinem Leben gekommen.

Heute habe ich nichts mehr gegen das Tanzen. Die Bibel sagt uns sogar, dass wir vor dem Herrn tanzen sollen (Ps 149,3). Dagegen ist nichts einzuwenden. Schon in der Bibel wurde getanzt. Manchmal tanzen Menschen in unseren Gottesdiensten. Einmal begann ein Mann namens Andy Hudson auf unserer Pastorenkonferenz zu tanzen. Er drehte sich und wirbelte umher und wollte, dass ich mitmache, aber ich schaffte es einfach nicht.

Als ich mich danach mit ihm unterhielt, fragte er: »Warum kannst du nicht tanzen? Du bist doch noch gar nicht so alt.«

»Ich habe noch nie in meinem Leben getanzt«, sagte ich. »Ich habe mir nie vorgestellt, wie ich tanze.«

»Das ist der Grund, warum du es nicht kannst«, antwortete er. Und das ist wahr. Ich kann nicht tanzen, weil ich mich nie tanzen gesehen habe.

Deine Vorstellungskraft ist eine kreative Macht. Sie ist ein Geschenk Gottes. Alles, was du dir vorstellen kannst, ist machbar.

Ich erinnere mich, als eine der »Star Trek«-Serien herauskam, gab es in der Serie diese Replikatoren, die auf Knopfdruck alles erzeugen konnten. Früher hielten die Menschen so etwas für reine Fantasie, aber inzwischen haben Wissenschaftler und Ingenieure tatsächlich 3D-Drucker entwickelt. Mein Sohn hat einen. Er kann ein Foto von einem Gegenstand machen und der Computer druckt diesen Gegenstand aus. Ich habe gedruckte Schraubenschlüssel gesehen, die man in der Hand halten und mit denen man tatsächlich etwas festdrehen kann. Ich habe gehört, dass man sogar schon Organe wie die Leber und auch Körperteile aus der eigenen DNA druckt, in der Hoffnung, dass diese Transplantate nicht den gleichen Abstoßungsgrad haben wie die von Fremdspendern. Das war vor zwanzig oder dreißig Jahren noch bloße Träumerei!

Was du träumst und dir vorstellst, spielt eine Rolle. Wenn du deine Vorstellungskraft in Gang setzt und anfängst, dich auf das Wort Gottes zu konzentrieren, kannst auch du beginnen, oberhalb der Norm zu leben.

KAPITEL 9

Das Schlachtfeld

Wir müssen uns den Erfolg vorstellen. Wir müssen die Dinge aus Gottes Perspektive sehen und erkennen, dass Christus uns zu Überwindern gemacht hat (1Joh 5,4–5). Wir sind Sieger. Wir sind gesegnet. Wir sind fruchtbar. Wir haben Frieden. Wir sind voller Weisheit. Wir sind geheilt, gesund und wohlauf. Aber oft ist der Wechsel vom fleischlichen Denken (Denken auf der Grundlage natürlicher Umstände oder vergangener Erfahrungen) zum geistlichen Denken (Denken auf der Grundlage des Wortes Gottes) ein Kampf. Es ist ein Kampf des Geistes.

> *Denn obgleich wir im Fleisch wandeln, so kämpfen wir doch nicht nach Art des Fleisches; denn die Waffen unseres Kampfes sind nicht fleischlich, sondern mächtig durch Gott zur Zerstörung von Festungen, sodass wir Vernunftschlüsse zerstören und jede Höhe, die sich gegen die Erkenntnis Gottes erhebt, und jeden Gedanken gefangen nehmen zum Gehorsam gegen Christus. — 2. Korinther 10,3–5*

Die geistliche Kampfführung unterscheidet sich von dem, was in der Kirche großteils gelehrt wird. Es geht nicht um den kosmischen Kampf zwischen Gut und Böse (Jesus hat diesen Kampf bereits gewonnen). Es geht nicht um dämonische Mächte, die ganze Städte belagern oder die dagegen ankämpfen, dass deine Gebete Gottes Ohr erreichen. Für den Gläubigen ist der geistliche Kampf ein Kampf um den persönlichen Glauben – und er wird direkt zwischen den eigenen Ohren ausgetragen.

Alle Schriften des Neuen Testaments über geistliche Kampfführung konzentrieren sich auf den Verstand und die Vorstellungskraft. Selbstverständlich glaube ich, dass Dämonen existieren und dass Engel real sind, aber die einzige Möglichkeit, wie sie das Leben eines Menschen kontrollieren oder beeinflussen können, ist durch dessen Vorstellungskraft. In 2. Korinther 10,4 steht, dass »die Waffen unseres Kampfes nicht fleischlich, sondern mächtig durch Gott« sind. Weiter heißt es, dass diese Waffen nicht dazu dienen, Dämonen zu bekämpfen, sondern dazu, »Vernunftschlüsse [zu] zerstören« und alle Gedanken unter den Gehorsam Christi zu bringen.

Eine unserer Schülerinnen aus Nigeria hat erlebt, wovon ich spreche. Als sie zum ersten Mal zum Unterricht kam, stellte sie sich mir vor und sagte, dass sie von dämonischer Bedrückung geplagt sei. Sie sagte, sie sei mit Voodoo aufgewachsen und schon als Kind dem Teufel geweiht worden. Sie hatte sexuelle Gewalt erfahren, und obwohl sie nun wiedergeboren und geisterfüllt war, kämpfte sie mit Ängsten. Sie hatte Schwierigkeiten, nachts zu schlafen. Sie wachte mit Schnittwunden am Körper auf. Sie hatte das Gefühl, in einem ständigen Kampf gegen Dämonen zu stehen.

»Ich glaube, du hast mit einem dämonischen Angriff zu kämpfen«, sagte ich ihr, »aber es gibt einen Grund, warum sie Zugang zu dir haben. Die Bibel sagt, dass Satan wie ein brüllender Löwe umhergeht und ›*sucht, wen er verschlingen kann*‹ (1Petr 5,8). Er kann nicht jeden verschlingen.«

Ich verstehe, dass Menschen sich von einer solchen Aussage nicht unbedingt gesegnet fühlen, aber es ist die Wahrheit. Christus hat Satan entmachtet (Kol 2,15). Er kann in deinem Leben keinen Schaden mehr anrichten, es sei denn, du büßt deine Macht an ihn ein und gibst ihm den nötigen Raum. Vielleicht geschieht das nicht absichtlich. Vielleicht geschieht es sogar aus Unwissenheit. Aber ohne deine Einwilligung und Mitwirkung kann er dich nicht verschlingen.

Weiter sagte ich zu dieser Frau: »Du verhältst dich, als wäre der Teufel die stärkere Macht. Sicher, es gibt ihn, aber der, der in dir ist, ist größer als der, der in der Welt ist (1Joh 4.4). Satan könnte dir diese Dinge nicht antun, wenn es in dir nicht etwas gäbe, das mit ihm kooperiert.«

Wie viele andere Leute auch, war sie von dem, was ich sagte, nicht gerade begeistert, aber sie kam immer wieder zu mir. Während ihres ersten College-Jahres sprachen wir mehrere Male miteinander. Ich sagte ihr: »Du bist in einer Kultur aufgewachsen, die aus dem Teufel ein Riesending macht. Du fürchtest ihn. Du erkennst seine Macht an. Das ist es, was ihm die Befugnis gibt, diese Dinge in deinem Leben zu tun.«

Dann, eines Tages, kam sie strahlend zu mir und sagte: »Ich bin frei!«

Sie erzählte mir, dass sie vollständig befreit worden sei. Sie habe keine Angst mehr. Sie schliefe nachts ohne Angriffe. »Ich wusste nicht, wer ich in Christus bin«, sagte sie. »Ich kannte meine Autorität nicht. Und meine Unwissenheit hat es Satan ermöglicht, mir diese Dinge anzutun.«

Brüder und Schwestern, wenn ihr mit Angst, Bedrückung und Bedrängnis kämpft, wenn ihr Probleme dämonischen Ursprungs habt, dann hört auf, mit dem Teufel zu kooperieren! Erneuert euer Denken. Benutzt eure Vorstellungskraft, um zu erkennen, wer ihr wirklich seid. Bleibt in eurem Denken auf den Herrn ausgerichtet. Und ich garantiere euch: Satan wird fliehen.

Meine Großmutter lebte bei uns, bis ich etwa sieben Jahre alt war. Um sie unterzubringen, teilten mein Bruder und ich uns ein

Zimmer. Als sie starb, waren mein Bruder und ich so froh, kein gemeinsames Zimmer mehr haben zu müssen, dass ich fast auf der Stelle in das alte Zimmer meiner Großmutter zog. Aber ich blieb dort nur wenige Tage. Gegen Ende ihres Lebens verlor meine Großmutter ihren Verstand und begann, sich mit dämonischen Dingen zu beschäftigen. Nachts, wenn ich versuchte, in ihrem Zimmer zu schlafen, wurde ihr Bild lebendig und wanderte durch das ganze Zimmer. Ich erzählte niemandem davon, weil wir nicht an solche Dinge glauben durften. Aber es dauerte nicht lange, bis ich wieder bei meinem Bruder einzog. Mein Bruder wollte kein Zimmer teilen, also beschloss er, Omas altes Zimmer auszuprobieren. Zwei Nächte später war er wieder da. Er hat nie ein Wort darüber verloren.

Zwanzig Jahre lang hielten wir die Tür zu diesem Raum geschlossen. Niemand ging dort hinein. Wir haben den Raum weder geheizt noch klimatisiert. Er blieb von den anderen abgetrennt. Als meine Nichte gerade mal sechs Monate alt war, schrie sie schon, wenn sie nur in die Nähe dieses Zimmers gebracht wurde. Sie konnte tief und fest schlafen, aber wenn man sie in diesen Raum mit hinein nahm, wachte sie schreiend auf. Sobald man mit ihr wieder hinausging, schlief sie sofort wieder ein. Jeder wusste, dass mit diesem Zimmer etwas nicht stimmte, aber niemand wusste, was man dagegen tun konnte.

Als ich entdeckte (im Gegensatz zu dem, was man mich gelehrt hatte), dass Dämonen tatsächlich existierten und dass viele körperliche und psychische Krankheiten dämonischen Ursprungs waren, wurde ich mir des Teufels so stark bewusst, dass ich anfing, hinter jedem Busch einen Teufel zu sehen. Ich begann sogar, dämonische Manifestationen zu erleben. Dämonen griffen mich physisch an. Ich erinnere mich, dass ich gewürgt und auf den Boden geworfen wurde. Ich blutete, obwohl keine physische Person gegen mich kämpfte. Es waren Dämonen, die mir diese Verletzungen zufügten. Auch wenn ich mich wehrte und widerstand, war es ein schwieriger Kampf, weil ich keine ausgewogene Lehre zu diesem Thema erhalten hatte. Satan machte mir zu schaffen – bis zu dem Tag, an dem ich beschloss, mich um Großmutters altes Zimmer zu kümmern.

Zitternd öffnete ich die Tür und trat ein. Mir sträubten sich sämtliche Nackenhaare, aber ich berief mich auf das Blut Christi. Ich betete in Sprachen. Ich wies in Schranken. Ich widerstand. Ich zitierte die Bibel und rühmte noch einmal das Blut. Ich dachte: *O Gott, ich bin so froh, dass ich diese Dämonen nicht sehen kann. Wenn ich ihre riesigen Klauen und ihre hässlich behaarte Haut sehen könnte, würde ich jeden Glauben verlieren. Danke, dass du mich beschützt.*

Dann sprach der Herr zu mir. »Du liegst völlig falsch«, sagte er. »Wenn du in die geistige Welt sehen könntest, würdest du feststellen, dass diese Dämonen Angst vor dir haben. Sie sind zahnlose, ameisengroße Kreaturen mit einer großen Klappe. Sie können nichts anderes tun als bluffen. Sie sitzen zusammengekauert da und zittern angesichts *deiner* Gegenwart.«

Sofort verließ mich die Angst. Ich fühlte mich wie der Unglaubliche Hulk! Ich wies die Dämonen im Namen Jesu von mir, und sie flohen. Innerhalb von Minuten war es vorbei. Wie unsere Bibelschülerin aus Nigeria hatte auch ich durch meine Angst mit dem Teufel kooperiert. Aber sobald ich die Wahrheit verstand – dass der Teufel besiegt war und ich durch Christus den Sieg hatte –, wurde ich frei (Joh 8,32).

Am Abend jenes Tages fand meine allwöchentliche Bibelstunde statt und die Leute suchten diesen Raum auf, um dort mit anderen zu beten. Vor diesem Abend hatten alle dieses Zimmer gemieden, obwohl es immer frei war. Sie benutzten jeden anderen Raum im

Haus, aber nicht Großmutters altes Zimmer. Ohne dass ich irgendjemandem erzählte hätte, was an diesem Tag geschehen war, änderte sich mit einem Schlag alles.

Wenn der Teufel dich ständig drangsalieren kann, hältst du dein Denken nicht auf den Herrn gerichtet. Du nimmst nicht jeden Gedanken gefangen und bringst ihn nicht dazu, dem Wort zu gehorchen. Du stellst dir nicht vor, wer du in Christus bist. Stattdessen lässt du dich durch dein verkehrtes Denken berauben. Du lässt deiner Vorstellungskraft freien Lauf und malst dir Sünde, Angst und Versagen aus. Vergiss nicht: Was empfangen wird, das wird auch geboren – es sei denn, man unternimmt etwas dagegen (Jak 1,15). Erlaube deinem Verstand nicht, bei solchen Dingen zu verweilen. Behalte deine Vorstellung unter Kontrolle und gewinne den geistlichen Kampf um deinen Glauben.

KAPITEL 10

Erinnere dich

In 1. Chronik 28 wird über David berichtet, wie er gegen Ende seines Lebens ein Haus für den Herrn bauen wollte. Obwohl ihm dieser Traum ein Leben lang am Herzen gelegen hatte, setzte sich Gott über Davids gute Absichten hinweg und sagte: »Du sollst meinem Namen kein Haus bauen; denn du bist ein Kriegsmann und hast Blut vergossen! … Dein Sohn Salomo soll mein Haus … bauen« (1Chr 28,3.6). Also übergab David die Tempelpläne an Salomo. Er beschwerte sich nicht. Er beschuldigte Gott nicht, ihm seinen Traum gestohlen zu haben, noch versuchte er, Gottes Pläne für Salomo zu untergraben. David war dankbar für die Rolle in der Geschichte Israels, die Gott ihm anvertraut hatte, und er tat alles, um Salomo die Arbeit zu erleichtern.

An diesem Tag stellte David den Gegenwert von vielen Milliarden Dollar aus der königlichen Schatzkammer (1Chr 22,14) für den Bau des Tempels zur Verfügung: »Gold für goldene, Silber für silberne« Dinge, sowie Holz, Edelsteine und Marmor (1Chr 29,2). Dann steuerte er im Beisein des gesamten Volkes ein großes Opfer aus seinem persönlichen Vermögen bei (1Chr 29,3–5). Seinem Beispiel folgend, begann auch das Volk, etwas zu geben, und David sagte:

Denn was bin ich, und was ist mein Volk, dass wir Kraft haben sollten, in solcher Weise freiwillig zu geben? Denn von dir kommt alles, und aus deiner eigenen Hand haben wir dir

gegeben. … HERR, du Gott unserer Väter Abraham, Isaak und Israel, bewahre ewiglich solchen Sinn und Gedanken im Herzen deines Volkes, und richte ihr Herz fest auf dich!
— 1. Chronik 29,14.18

Meines Wissens hat keine andere Opfergabe in der Geschichte auch nur annähernd denselben monetären Wert erreicht wie das, was David und alle anderen an diesem Tag summiert gaben! Gold, Juwelen und Familienschätze im Wert von Milliarden Dollar kamen spontan zusammen. David war so berührt von der Opferbereitschaft des Volkes, dass er betete: »Herr, wer sind wir, dass wir so geben können? Wir waren einst Sklaven; wir hatten nichts. Und nun sieh dir diesen Überfluss an! Und wenn man bedenkt, dass dies alles nur ein Bruchteil dessen ist, was du uns bereits gegeben hast!« Dann fügte er hinzu: »Herr, bewahre dies für immer im Gedächtnis deines Volkes. Hilf ihnen, sich an diesen Tag zu erinnern. Lass nicht zu, dass sie ihn vergessen.«

David wusste, wie wichtig es ist, sich zu erinnern, was er auch zum Ausdruck brachte, als er Gott bat, diese Dinge in der Herzensvorstellung der Menschen zu bewahren. Tatsächlich schrieb David schon in jüngeren Jahren als Verfasser von Psalm 103:

Lobe den HERRN, meine Seele, und alles, was in mir ist, seinen heiligen Namen! Lobe den HERRN, meine Seele, und ***vergiss nicht, was er dir Gutes getan hat!*** *— Psalm 103,1–2*

Der Mensch neigt zum Vergessen. Man schaue sich nur die Kinder Israels an. Wie oft hat das Volk während seiner Zeit in der Wüste vergessen, was der Herr für sie getan hatte? Es dauerte nur drei Tage, bis sie die Durchquerung des Roten Meeres vergessen hatten (2Mo 15,22–24). Immer wieder vergaßen sie die Versorgung durch den Herrn. »Du hast uns hierher gebracht, um uns zu töten«, klagten sie. »Lasst uns nach Ägypten zurückkehren« (2Mo 16,3;17,3). Deshalb gab der Herr den Israeliten Gesetze, in denen er ihnen gebot, die Grenzen ihrer Nachbarn nicht zu verrücken (5Mo 19,14) und jährliche Feste wie das Passahfest zu feiern, damit sie besonderer Ereignisse gedenken und sich all die Dinge, die Gott getan hatte, in Erinnerung rufen könnten.

Kurz vor seinem Tod gab es diese Situation, in der Mose das Volk Israel für einige letzte Anweisungen versammelte. Er beauftragte Josua damit, das Volk ins Gelobte Land zu führen. Er bekräftigte das Gesetz und zählte auf, was der Herr in der Wüste für sie getan hatte. Er erinnerte die Leute daran, wie Gott sie aus Ägypten befreit, die Armeen ihrer Feinde im Roten Meer vernichtet und in der Wüste für das ganze Volk gesorgt hatte. Der Herr befahl Mose dann, dem Volk ein Lied beizubringen, das in späteren Jahren, wenn dessen Mitglieder ihn ablehnen würden, »gegen sie Zeugnis ablegen« würde:

> *Denn ich werde sie in das Land bringen, das ich ihren Vätern zugeschworen habe, in dem Milch und Honig fließt, und sie werden essen und satt und fett werden, und sie werden sich anderen Göttern zuwenden und ihnen dienen, und mich werden sie verachten und meinen Bund brechen. Und wenn sie dann viele Übel und Drangsale getroffen haben, soll dieses Lied gegen sie Zeugnis ablegen; denn es soll nicht vergessen werden im Mund ihrer Nachkommen; denn ich kenne ihre Gedanken, mit denen sie jetzt schon umgehen, ehe ich sie in das Land bringe, das ich [ihnen] zugeschworen habe!*
> — *5. Mose 31,19–21*

Mich erstaunt das. Wenn ich die Möglichkeit hätte, jemandem zu helfen und seine Lebensumstände drastisch zu verändern – wohl wissend, dass er meine Hilfe irgendwann zurückweisen und schließlich verachten würde –, dann wäre ich wohl eher nicht bereit, ihm zu helfen.

Der Herr wusste, dass die Israeliten ihn ablehnen würden, und anstatt sich von ihnen abzuwenden oder sie gleich ganz abzuschreiben, befahl er Mose, ihnen ein Lied beizubringen; ein Lied, das das Volk (und dessen Kinder) an seine Güte erinnern und als Zeugnis gegen ihren Unglauben stehen würde.

Die natürliche, menschliche Neigung ist die Vergesslichkeit. Wenn wir unsere Gedanken nicht bewusst auf die Güte Gottes gerichtet halten, werden wir mit der Zeit vergessen, was er in unserem Leben getan hat, und unser Glaube wird darunter leiden.

Vor nicht allzu langer Zeit kam ein Ehepaar zu mir, das der Verzweiflung nahe war. Die beiden standen vor einer großen finanziellen Herausforderung und beteten darum, dass Gott sich ihrer Not annehmen möge. Aber die Frist, die sie sich im Glauben gesetzt hatten, rückte immer näher, und eine Antwort war nicht in Sicht. Sie wussten nicht, was sie tun sollten. Ich kannte dieses Paar. Und ich kannte die Geschichte der beiden. Ich wusste, dass Gott ihr Leben gerettet und sie von Sucht und Hunger befreit hatte. Ich wusste, dass er sie von der Straße geholt und so reichlich für sie gesorgt hatte, dass sie nun für andere sorgten. Anstatt für dieses Paar zu beten, wie sie es sich gewünscht hatten, verbrachte ich einige Minuten damit, sie an all das zu erinnern, was Gott bereits in ihrem Leben getan hatte. Es dauerte nicht lange und die beiden weinten vor Freude. Ich habe ihr äußerliches Bedürfnis nicht gestillt. Ich habe ihnen kein »So spricht der Herr« gegeben. Ihre Umstände waren immer noch dieselben. Aber sie begannen, sich an Gottes Güte, an seine Treue zu erinnern. Das regte ihren Glauben an und sie sagten: »Wenn Gott all das tun konnte, kann er sich auch um dies hier kümmern!«

Erinnerungen haben großen Einfluss auf uns. Sie regen unsere Vorstellungskraft an. Doch es ist wichtig, dass wir diese bewusst einsetzen. Wir müssen unsere Vorstellungskraft nutzen, um uns an die Dinge zu erinnern, die Gott für uns getan hat, und nicht an den Schmerz vergangener Situationen. Laut 1. Chronik 29,18 können wir uns nicht erinnern, ohne unsere Vorstellungskraft zu nutzen.

Römer 1,21 (LUT) macht den Zusammenhang zwischen Dankbarkeit und Vorstellungskraft deutlich:

> *Denn obwohl sie von Gott wussten, haben sie ihn nicht als Gott gepriesen noch ihm gedankt, sondern sind dem Nichtigen verfallen in ihren Gedanken, und ihr unverständiges Herz ist verfinstert.*

Wenn wir nicht dankbar sind, wenn wir uns nicht daran erinnern, was Gott getan hat, oder ihn nicht als Gott ehren, sagt Paulus, wird unser Denken töricht. Unser Herz verhärtet sich und es wird für uns schwierig, Gottes Stimme zu hören oder sein Werk in unserem Leben zu erkennen. *Ehren* bedeutet im Grunde, etwas oder jemanden wertzuschätzen. Wenn wir Gott nicht ehren, dann wertschätzen wir nicht, was er getan hat. Jeder Tag, an dem die Sonne aufgeht, ist ein Tag, an dem wir Gott danken sollten. Jeden Tag lässt er die Erde sich drehen und die Jahreszeiten ihren Lauf nehmen. Jeden Tag begleitet uns seine Barmherzigkeit und liebevolle Güte (Ps 23,6). Alles Gute, das wir haben, und jeder Atemzug, den wir nehmen – all das kommt von ihm (Jak 1,17).

Gott hat uns gesegnet, aber eines der Zeichen der Endzeit ist, dass die Menschen selbstverliebt, stolz und **undankbar** werden

(2Tim 3,2). Das ist einer der Gründe, warum ich internationale Missionsreisen für Charis-Studenten zur Pflicht gemacht habe. Es ist wichtig, sich gelegentlich von der eigenen Kultur wegzubewegen, in der wir glauben, arm sei, wer nicht fünf Flachbildfernseher, das neueste Auto und das modernste Smartphone besitzt, und in andere Kulturen einzutauchen, damit wir unsere vielen Segnungen erkennen können. Ich habe David Barton einmal sagen hören, dass eine Person, die weniger als 61.000 Dollar im Jahr verdient, unter bestimmten Umständen Anspruch auf staatliche Leistungen haben kann. Du meine Güte! Wir kapieren nicht, was im Rest der Welt vor sich geht. Ich habe gehört, dass eine Person ohne Schulden und mit zehn Dollar in der Tasche mehr Geld hat als die große Mehrheit der Menschen auf diesem Planeten. Zehn Dollar! Wir sind gesegnet, gesegnet, gesegnet, und viele von uns wissen es noch nicht einmal!

In Amerika halten wir so viele Dinge für selbstverständlich. Wenn wir nicht wertschätzen, was Gott getan hat – dass wir atmen, dass wir in einer der wohlhabendsten Nationen der Welt leben, dass Gott am Wirken ist und Menschen zu Tausenden zu ihm finden –, werden wir undankbar und blind für seine Güte.

Wenn wir unsere Großeltern oder Urgroßeltern nehmen und sie in unseren heutigen Lebensalltag versetzen könnten, wären sie von unseren Annehmlichkeiten überwältigt. Wir können in weniger als einem Tag um die halbe Welt reisen. Wir können etwas in die Mikrowelle stellen, einen Knopf drücken und haben in zwei Minuten eine warme Mahlzeit. Wir können ohne Kabel telefonieren und uns in Minutenschnelle über die neuesten Nachrichten informieren. Unsere Urgroßeltern wären sprachlos!

Ist dir klar, wie viel mehr Zeit wir heutzutage haben? Unsere Urgroßeltern waren den ganzen Tag nur mit Überleben beschäftigt. Sie bauten ihr eigenes Essen an und stellten ihre Kleidung selbst her. Wir haben weitaus mehr Freizeit als sie. Die Frage ist nur, was machen wir mit dieser zusätzlichen Zeit? Verherrlichen wir Gott? Segnen wir andere? Leben wir unsere wahre Bestimmung aus?

Wenn wir Gottes Segnungen für selbstverständlich halten oder nicht dankbar sind, verfallen wir laut Römer 1,21 (ZÜB) »dem Nichtigen« in unseren Gedanken. Das bedeutet nicht, dass unsere Vorstellungskraft aufhört, tätig zu sein. Es bedeutet nur, dass sie anfängt, gegen uns zu arbeiten. Wir vergessen, was Gott in unserem Leben getan hat, und unsere Vorstellungen neigen allmählich dem Negativen zu.

KAPITEL 11

Wer immer gewinnt, kann nicht verlieren!

Petrus forderte uns als Gläubige auf, mit dem »Glauben die Tugend zu verbinden, mit der Tugend die Erkenntnis«, damit wir im Leben nicht träge oder fruchtlos werden (2Petr 1,5–8). Petrus sagt: »Wem dies nämlich fehlt, der ist blind und kurzsichtig; er hat vergessen, dass er gereinigt worden ist von seinen früheren Sünden« (2Petr 1,9 LUT).

Unsere Fähigkeit, uns an Gottes Güte zu erinnern, ist direkt mit dem Gebrauch unserer Vorstellungskraft verbunden. Niemand ist so blind wie der Mensch, der nur das sieht, was direkt vor seiner Nase ist, und der die Güte Gottes dabei vollkommen vergisst. Die Bibel lehrt, dass die Gefühle den Gedanken folgen. Emotionen sind ein Nebenprodukt dessen, worauf sich der Verstand konzentriert. Wenn wir das, was wir haben, nicht wertschätzen – wenn wir stattdessen all das beklagen, was wir nicht haben, und uns auf das Negative konzentrieren; wenn wir uns vor dem fürchten, was passieren könnte –, dann lenken wir unsere Gedanken auf deprimierende Dinge. Und das wird in unserem Leben zu Niedergeschlagenheit führen. In Jesaja 26,3 (EÜ) heißt es:

Festem Sinn gewährst du Frieden,
ja Frieden, denn auf dich verlässt er sich.

Frieden ist ein Nebenprodukt unserer Gedanken. Eine Person, die mit Depressionen kämpft, lebt in einer Vorstellungswelt, in der Aussichtslosigkeit herrscht. Die Welt mag es ein »chemisches Ungleichgewicht« nennen (und das kann durchaus eines der Symptome sein), aber der Körper dieser Person funktioniert exakt so, wie Gott es vorgesehen hat.

Wenn du dein Denken auf Gott gerichtet hältst – auf das, was wahrhaftig, was ehrbar, was gerecht, was rein, was liebenswert, was wohllautend, was irgendeine Tugend oder etwas Lobenswertes ist (Phil 4,8) –, wirst du Frieden haben. Wenn du keinen Frieden verspürst, dann deshalb, weil du über die falschen Dinge nachdenkst. Deine Emotionen folgen deinen Gedanken.

Vor Jahren kam eine Frau weinend zu mir. Ihr Lebensziel war es, Mutter zu werden, aber sie und ihr Mann hatten Schwierigkeiten mit dem Schwangerwerden. Schließlich, nach monatelangem Versuchen, stellten sie fest, dass sie ein Baby bekommen würden! Beim letzten Arztbesuch erfuhren sie jedoch, dass es sich um eine Eileiterschwangerschaft handelte. Um das Leben der Frau zu retten, riet der Arzt zu einer Hysterektomie. »Aber selbst wenn wir dem zustimmen«, sagte sie, »räumte mir der Arzt nur eine 50-prozentige Überlebenschance ein.«

Diese Frau, die versuchte, mit dem bevorstehenden Verlust ihres Babys und der zerstörten Hoffnung auf Kinder fertig zu werden, kam zu mir mit der Bitte um Gebet. »Das ist keine große Sache«, sagte ich zu ihr.

Sofort hörte die Frau auf zu weinen und sah mich mit Augen so groß wie Untertassen an. Man hätte meinen können, ich hätte sie geohrfeigt. »Du kannst tun, was du willst«, fuhr ich fort. »Du kannst den Rat des Arztes befolgen. Du kannst dir alle deine weiblichen Organe herausnehmen lassen. Gott liebt dich – und das wird sich nie ändern –, aber du wirst nie auf natürlichem Wege Kinder bekommen, wenn du das tust.«

»Welche Wahl habe ich denn?«, schniefte sie. »Wenn ich es nicht tue, könnte ich sterben.«

»Glaube Gott!«, rief ich aus. »Das ist keine große Sache für Gott. Es ist nicht schwer.«

Kurz gesagt, die Frau beschloss, Gott zu glauben. Sie und ihr Mann lehnten die Behandlung des Arztes ab, unterschrieben Seite für Seite juristische Dokumente, die den Arzt von jeglicher Haftung freisprachen, und setzten im Vertrauen auf ihren Glauben. Fünfundzwanzig Jahre und viele natürlich geborene Kinder später ist sie gesund und munter und verkündet die Werke Gottes!

Brüder und Schwestern, diese Dinge sind für Gott nicht schwer. Selbst Krebs ist keine große Sache. Krebs ist für ihn nicht schwieriger zu heilen als eine Erkältung. Mit medizinischen Mitteln ist eine Erkältung genauso wenig zu heilen wie Krebs. (Tatsächlich können die Ärzte bei Krebs mehr unternehmen als bei einer Erkältung. Sie können ihn bestrahlen; sie können ihn herausschneiden. Aber sie können nichts gegen eine Erkältung ausrichten. Die Medikamente, die sie dir gegen die Symptome geben, trocknen lediglich deine Nasennebenhöhlen aus und sorgen dafür, dass die Erkältung umso länger anhält.) Der Unterschied liegt im Grad der Angst, die mit beidem jeweils verbunden ist. Eine Erkältung belastet deine Vorstellung nicht so sehr wie eine Krebserkrankung. Vom Standpunkt Gottes aus gesehen ist es jedoch nicht schwieriger, Krebs zu heilen als eine Erkältung.

Leider tragen die meisten Menschen ein anderes Bild mit sich herum. Anstatt sich an Gottes Güte und Verheißungen zu erinnern, erlauben sie der Angst, ihr Kopfkino zu steuern und ihre Gefühle zu kontrollieren. Ich war schon seit Jahrzehnten nicht mehr deprimiert oder ängstlich. Ich erlaube es mir einfach nicht, diesen Weg einzuschlagen. Ich bleibe mit meinen Gedanken bei Gott.

Festem Sinn gewährst du Frieden, ja Frieden, denn auf dich verlässt er sich. — Jesaja 26,3 EÜ

Das hebräische Wort, das in diesem Vers mit »Sinn« übersetzt wird, ist eigentlich das Wort *jezer* und bezieht sich auf die Vorstellungskraft. Im Alten Testament kann das Wort *jezer* viermal mit »Vorstellung« (1Mo 6,5; 8,21; 5Mo 31,21; 1Chr 29,18) und einmal mit »Vorstellungskraft« (1Chr 28,9) übersetzt werden. Wenn du deinen Sinn, insbesondere deine Vorstellungskraft, auf Gott gerichtet hältst – wenn du dich selbst immer als Sieger siehst; wenn du nicht aufhörst, die Verheißungen Gottes in Erfüllung gehen zu sehen; wenn du einfach immer weiter an das von Gott Verheißene denkst, anstatt an das, was du im Natürlichen siehst und empfindest –, wenn du all das tust, wirst du Frieden erfahren. Du wirst nicht angstvoll irgendein Unglück erwarten (Spr 3,25). Du wirst gar nicht mehr wissen, wie du dich sorgen sollst. Du wirst nicht mehr wissen, wie du Gott *nicht* vertrauen sollst. Egal, was passiert, dein Herz wird fest bleiben.

Gegen Ende seines Lebens schrieb Apostel Paulus an die Gemeinde in Philippi: »Denn für mich ist Christus das Leben, und das Sterben ein Gewinn« (Phil 1,21). Zu diesem Zeitpunkt hatte Paulus einen Großteil der damals bekannten Welt bereist und dort das Evangelium verkündet. Sein Körper war müde; er hatte viel durchgemacht! Er war mehrfach wegen seines Zeugnisses bedroht und geschlagen worden. Er hatte Gefängnisaufenthalte ertragen, war schiffbrüchig geworden und hatte Hunger, Blöße und Kälte erlebt (2Kor 11,23–27). Die Tatsache, dass Paulus immer noch lebte, war an sich schon ein Zeugnis für Gottes Gnade.

Paulus schrieb diesen Brief an die Gemeinde, weil er wusste, dass seine Zeit auf Erden sich dem Ende zuneigte. Erneut im Gefängnis sitzend, schilderte er seinen Kampf mit der Sehnsucht nach dem Himmel und dem Wissen, dass er auf der Erde noch gebraucht wurde:

> *Denn ich werde von beidem bedrängt: Mich verlangt danach, aufzubrechen und bei Christus zu sein, was auch viel besser wäre; aber es ist nötiger, im Fleisch zu bleiben um euretwillen. Und weil ich davon überzeugt bin, so weiß ich, dass ich bleiben und bei euch allen sein werde zu eurer Förderung und Freude im Glauben. — Philipper 1,23–25*

Paulus hatte keine Angst vor dem Sterben. Er wusste, dass diese physische Existenz nur ein Schatten des eigentlichen Lebens war, und er freute sich auf den Himmel. Er nannte das Sterben sogar »Gewinn«; in manchen Übersetzungen auch einen »großen Gewinn«. Doch anstatt zum Herrn zu gehen, entschied sich Paulus für das, was am nötigsten war: Er blieb »im Fleisch«, um die neuen Gemeinden in der richtigen Lehre zu unterstützen.

Ich kann sein Dilemma nachvollziehen. Ich habe einmal ein Buch erhalten mit dem Titel *Intra Muros* von Rebecca Springer. Es wurde ursprünglich um die Jahrhundertwende veröffentlicht und ist seitdem unter verschiedenen Titeln erschienen. In dem Buch schreibt Rebecca über ihre Erfahrungen im Himmel. Frei wiedergegeben sagt sie in der Einleitung Folgendes: »Ich predige nicht. Ich versuche nicht, eine neue Doktrin aufzustellen. Ich habe keine andere Absicht, als meine Erfahrungen weiterzugeben und andere zu ermutigen, so wie ich ermutigt worden bin.« Zu der Zeit, als sie dieses Buch schrieb, hatte fast jede Familie in den Vereinigten Staaten einen Angehörigen im Bürgerkrieg verloren. Viele dachten damals, dass das Leben mit dem Tod endet, und sie kämpften mit der Last ihrer Trauer. Doch als Rebecca krank wurde und starb, entdeckte sie, dass das Leben nicht nur weitergeht, sondern dass es für alle, die glauben, herrlich weitergeht!

Ich erhielt das Buch, als ich gerade auf Reisen war. Ich hatte eigentlich nicht vorgehabt, es vor der Rückkehr nach Hause zu lesen, doch an jenem Abend in meinem Hotelzimmer nahm ich es in die Hand und konnte es nicht mehr weglegen. Ich blieb die ganze Nacht wach und las das gesamte Buch – und das, obwohl ich am nächsten Morgen eine Predigt halten musste! Gleich nach meiner Ankunft zu Hause überließ ich Jamie meinen Koffer und eilte zu einer Reihe von Meetings. Später an diesem Tag fand ich sie in unserem Wohnzimmer auf dem Sessel sitzend und von Ehrfurcht ergriffen vor. Sie hatte das Buch gelesen. In den darauffolgenden Monaten mussten wir beide unseren ganzen Glauben einsetzen, um am Leben zu bleiben, denn wir waren dermaßen bereit für den Himmel!

Brüder und Schwestern, man muss nicht jedes Mal, wenn widrige Umstände ins Leben einbrechen, völlig aus den Fugen geraten. Dieses Leben ist nicht alles, was es gibt! Würde mir ein Arzt sagen, ich müsse bald sterben, brächte mich das nicht aus der Ruhe. Denn in mir liegt dieselbe Kraft, die Christus von den Toten auferweckt hat (Röm 8,11). Wenn der Tod Jesus nicht im Grab halten konnte, hat er auch nicht die Macht, mich vorzeitig dorthin zu bringen. Aber wenn das Schlimmste einträte und ich keine Heilung empfinge, käme ich einfach in den Himmel. Ich würde Jesus von Angesicht zu Angesicht sehen. Ich könnte alle meine biblischen Helden treffen. Ich wäre mit meiner Mutter und meinem Vater, meiner Schwester und all denen, die mir vorausgegangen sind, wieder vereint. Wenn der Arzt mir sagen würde, dass ich sterben werde, müsste ich mich vielleicht sogar beherrschen, ihm nicht freudig um den Hals zu fallen! Für einen Gläubigen ist der Tod nicht das Ende, sondern erst der Anfang des Lebens (1Kor 15,54–55).

Im Christenleben kann man nicht verlieren, denn man ist immer auf der Gewinnerseite. Gott ist auf deiner Seite. Wenn du Geld verlierst, hat er dir die Kraft gegeben, reich zu werden (5Mo 8,18). Du kannst es zurückerlangen. Wenn du ungerechtfertigt entlassen wirst, ist Gott deine Quelle. Er wird für dein tägliches Brot sorgen und auch deinen Ruf wiederherstellen (Ps 146,7). Wenn du krank bist, kannst du geheilt werden. Er ist der Meisterarzt (2Mo 15,26). Du kannst in diesem Leben gewinnen! Und selbst wenn du stirbst, gewinnst du immer noch!

KAPITEL 12

Eine Ewigkeitsperspektive

Jesus hat uns nie ein Leben ohne Schwierigkeiten versprochen. Aber er hat versprochen, dass wir durch ihn überwinden würden (Joh 16,33)! Wenn du keinen Sieg erlebst und keinen Frieden kennst, hast du nicht die richtige Sichtweise. In der Übersetzung der *New Living Translation* hat Jesaja 26,3 folgenden Wortlaut: »*Du bewahrst in vollkommenem Frieden alle, die auf dich vertrauen, alle, deren Gedanken fest auf dich gerichtet sind!*« Wenn du mit Sorgen, Depressionen oder Stress zu kämpfen hast, hältst du deine Gedanken (deine Vorstellungskraft) nicht fest auf ihn gerichtet.

Es spielt keine Rolle, was am Arbeitsplatz passiert. Es spielt keine Rolle, was in deinem Körper oder auf deinem Bankkonto vor sich geht. Es spielt keine Rolle, was die Gesellschaft tut. Entscheidend ist, was in deinem Herzen geschieht. Ich bestreite nicht, dass körperliche Probleme existieren. Ich bezweifle auch nicht, dass es chemische Ungleichgewichte gibt. Ich weiß, dass man eine Pille nehmen kann, um seine Stimmung zu beeinflussen. Aber chemische Ungleichgewichte verursachen keine Depression. Depressionen verursachen die chemischen Ungleichgewichte.

Unabhängig davon, was *dir* widerfährt oder was *um dich herum* geschieht, bestimmt das, wovon du dein Herz beherrschen lässt – in deiner Vorstellung –, wie du dich fühlst und wie letztendlich dein Leben verläuft.

Mehr als alles andere behüte dein Herz; denn von ihm geht das Leben aus. — Sprüche 4,23

Jamie und ich waren schon in Situationen, die im Natürlichen absolut hoffnungslos aussahen. Ich erinnere mich an einen Fall, der weltweit Schlagzeilen machte. Etwas, das uns passiert war, wurde in der Sendung von Paul Harvey erwähnt. Er nannte uns namentlich und sagte: »Das ist das Schlimmste, was ich je gehört habe.« Doch wir hatten in diesem Moment Frieden. Wir waren hoffnungsvoll.

Wendell Parr, ein guter Freund, der uns bei der Gründung von Charis unterstützt hat, rief mich an, nachdem er die Nachricht gehört hatte, und sagte: »Du hast jetzt bestimmt ziemlich zu kämpfen. Bleib heute zu Hause. Du kannst jetzt nicht dienen.«

»Ich komme heute zum Dienst«, antwortete ich.

»Aber bei dem, was dir widerfahren ist …«

»Hey«, unterbrach ich ihn, »Jesus hat sich nicht verändert. Ich erzähle den Studenten nicht von mir. Ich erzähle ihnen von Jesus. Ich komme.« Und ich diente den ganzen Tag über.

So kann man nur handeln, wenn man seine Gedanken im Griff hat und den Blick auf Jesus gerichtet hält (Hebr 12,2).

Uns, die wir nicht auf das Sichtbare, sondern auf das Unsichtbare blicken; denn das Sichtbare ist vergänglich, das Unsichtbare ist ewig. — 2. Korinther 4,18 EÜ

Dieser Vers macht überaus deutlich, dass alles, was wir mit unseren Augen sehen können, zeitlich begrenzt ist. Probleme gehen vorüber. Umstände ändern sich. Sogar Beziehungen kommen und gehen. Aber unsichtbare Dinge – geistliche Wahrheiten – sind ewig. Das ist es, worauf Jamie und ich uns konzentrierten. Und das ist es, worauf Apostel Paulus sich konzentrierte.

In seinem zweiten Brief an die Korinther sprach Paulus über sein Leiden um des Evangeliums willen. Er sagte, er und die anderen Apostel würden als Diener »von allen Seiten bedrängt, aber wir ängstigen uns nicht. Uns ist bange, aber wir verzagen nicht. Wir leiden Verfolgung, aber wir werden nicht verlassen. Wir werden unterdrückt, aber wir kommen nicht um« (2Kor 4,8–9). All das geschah um derer willen, denen sie predigten (2Kor 4,15). Dann fügte Paulus noch hinzu:

> *Darum werden wir nicht müde; sondern wenn auch unser äußerer Mensch verfällt, so wird doch der innere von Tag zu Tag erneuert. — 2. Korinther 4,16* LUT

Dieser Vers gilt für uns alle, für Geistlichkeit und Laienschaft gleichermaßen. Ganz gleich, was äußerlich geschieht, unser innerer Mensch kann täglich erneuert werden, wenn wir lernen, unsere Gedankenwelt zu beherrschen.

Als Gesellschaft sind wir zu Meistern der Ausrede geworden. Wir denken: *Niemand versteht, was ich durchgemacht habe; niemand kennt meinen Kummer.* Aber ganz gleich, was dein Arzt sagt, es liegt nicht an deinen Hormonen. Es liegt nicht an einem chemischen Ungleichgewicht oder einem Nährstoffmangel. Egal, was der Psychologe sagt, es liegt nicht an »den Tagen« oder an der Art, wie du aufgewachsen bist. Was man denkt, bestimmt, wer man wird. Wenn du dir einredest, dass deine Probleme größer oder deine Herausforderungen schwieriger sind als die von anderen, entfernst du dich nur noch weiter von der Antwort. Man kann nicht gleichzeitig Opfer und Sieger sein.

Du musst dem Wort Gottes erlauben, ein Bild des Erfolgs und des Sieges in deinem Leben zu gestalten. Denn im Licht der Ewigkeit betrachtet ist das, was dir widerfährt, keine gar so große Sache.

Weißt du, seit 1996 führe ich Tagebuch. Manchmal kehre ich zu früheren Einträgen zurück, um mich daran zu erinnern, wie Gott mich in bestimmten Situationen durchgetragen hat. Es hilft mir, dankbar zu sein. Und wenn ich beim Lesen auf Dinge stoße, die mich früher geärgert haben, wundere ich mich manchmal. Denn wenn ich dieses Tagebuch nicht führen würde, wären sie inzwischen völlig in Vergessenheit geraten. Sie waren einfach nicht so wichtig. Aber damals hielt ich sie für eine große Sache.

Ich kam zum Beispiel vor einigen Jahren von einer Horror-Dienstreise nach Hause. Ich will nicht ins Detail gehen, aber nach zweiundsiebzig Stunden ohne Schlaf blieb mein Auto liegen und ich musste einen Mietwagen nehmen, um nach Hause zu kommen. Dieser blieb ebenfalls auf der Strecke, also musste ich mir das Auto eines Freundes ausleihen, in das ich prompt einen Kratzer machte! Er ließ die Karosserie auf meine Kosten komplett neu lackieren.

Ich wollte nie wieder so etwas erleben, also beschloss ich, zwei neue Fahrzeuge zu kaufen (eines für Jamie und eines für mich), die nicht so schnell kaputt gehen würden. Eine Woche später fuhr ich mit meinem neuen Auto rückwärts aus der Garage und gegen das andere neue Auto. Ich habe beide Autos gleich in der ersten Woche zu Schrott gefahren!

So frustrierend das auch sein mag, es waren nur Autos. Es spielte keine Rolle. Keiner wurde verletzt. Wir haben sie reparieren lassen, und es war keine große Sache.

Ich sage dir, Jesus ist größer als alles, was dir oder mir in diesem Leben widerfahren könnte. Aber wie Apostel Paulus müssen wir zu der Einstellung gelangen, dass unsere gegenwärtigen Kämpfe nur eine »leichte Bedrängnis« sind, verglichen mit der Freude, die uns in der Ewigkeit erwartet.

> *Denn unsere Bedrängnis, die schnell vorübergehend und leicht ist, verschafft uns eine ewige und über alle Maßen gewichtige Herrlichkeit, da wir nicht auf das Sichtbare sehen, sondern auf das Unsichtbare; denn was sichtbar ist, das ist zeitlich; was aber unsichtbar ist, das ist ewig.*
> 2. *Korinther 4,17–18*

Paulus konnte seine Leiden als leicht bezeichnen, weil sie »schnell vorübergehend« waren. Und in diesen Leiden lernte er, auf »das Unsichtbare« zu sehen. Wie sieht man das Unsichtbare? Mit der eigenen Vorstellungskraft. Paulus sagte, dass alles Sichtbare vergänglich ist.

Alles Natürliche ist veränderbar. Krebs ist veränderbar. AIDS ist veränderbar. Finanzen sind veränderbar. Alles Physische ist der Veränderung unterworfen und muss laut Philipperbrief das Knie vor dem beugen, was ewig ist: dem Namen Jesu (Phil 2,9–10). Das ist eine überaus wichtige Wahrheit. Mir ist bewusst, dass sie leichter zu predigen als zu leben ist, aber ich sage dir, die Mühe lohnt sich!

Das Wort Gottes ist allem, was du mit deinen physischen Augen sehen kannst, weit überlegen. Es ist die Mühe wert, über das Wort Gottes nachzusinnen und dir ein neues Bild in deinen Geist malen zu lassen. Es ist die Mühe wert, deine Gedanken auf Gott ausgerichtet zu halten und jeden Gedanken gefangen zu nehmen, der sich der Erkenntnis Christi widersetzt. Was auch immer in deinem Leben los ist, Gott hat dir die Fähigkeit gegeben, es zu überwinden. Keine Ausreden. Keine Ausnahmen. Du musst nicht unter den gegebenen Umständen weiterleben.

KAPITEL 13

Aktiver Glaube

Die Vorstellungskraft ist das Gerüst, auf dem dein ganzes Wesen aufbaut. So wie das Tragwerk dem Haus oder das Skelett dem Körper, so gibt die Vorstellungskraft deinem Leben Struktur. Sie bestimmt zu einem großen Teil die Erfahrungen deines Lebens. Wenn du das Leben in Fülle, für das Jesus gestorben ist, nicht erlebst, könnte es an deiner Vorstellungswelt liegen. In Psalm 103 steht:

> *Wie sich ein Vater über Kinder erbarmt, so erbarmt sich der HERR über die, welche ihn fürchten; denn er weiß, was für ein Gebilde wir sind; er denkt daran, dass wir Staub sind.*
> *— Psalm 103,13–14*

Gott weiß, was wir sind; er weiß, »was für ein Gebilde wir sind«. Wie die an anderer Stelle erwähnten Wörter *Vorstellung* und *Vorstellungskraft* ist auch *Gebilde* eine Übersetzung des hebräischen Wortes *jezer.* Gott weiß, was in unserem Kopf los ist, doch er ist barmherzig und versteht uns. Er weiß, dass unsere Vorstellungskraft zum Bösen, zum Negativen neigt. Und er hat einen Weg gefunden, das zu ändern. Er wurde ein Mensch. Er wurde zu Staub wie wir. Und durch die neue Geburt haben wir nun die Fähigkeit, unsere Vorstellungskraft positiv zu nutzen.

Denke immer daran: Vorstellungskraft ist die Fähigkeit, mit dem Herzen zu sehen, was man mit den Augen nicht sehen kann.

Und für uns als Christen ist die Fähigkeit zu sehen, was nicht sichtbar ist – die Fähigkeit, im Glauben zu leben –, ein Teil unseres Wesens. Oder zumindest sollte sie das sein. In 2. Korinther 5,7 heißt es: »Wir leben im Glauben, nicht im Schauen.« Leider leben die meisten Christen gemäß dem, was sie sehen, und nicht im Glauben.

Vor einigen Jahren spielte ich mit ein paar Freunden Golf und bekam einen schweren Sonnenbrand. An meinem Ohr bildete sich eine Blase, die einfach nicht heilen wollte. Nach ein paar Monaten hatte ich es satt und riss das, was sich da gebildet hatte, ab. Die Wunde blutete und nässte sechs Jahre lang. Ich weiß nicht genau, was es war; ich bin nie zu einem Arzt gegangen und habe es nie untersuchen lassen, aber viele Leute sagten mir, es sei ein melanomatöses Karzinom. Einmal, als ich in Charlotte, North Carolina, war, betete ich für zwei Personen, die mit genau dem gleichen Problem zu kämpfen hatten und denen sogar Teile ihrer Ohren operativ entfernt worden waren. Als ich ihnen die Hände auflegte, glaubte ich und sprach das Wort über ihre Situation aus, während mein eigenes Ohr nässte. So ironisch das auch klingen mag, es hat mich nicht gestört. Ich wusste, dass ich geheilt war, und ich wusste, dass mein Ohr mit dem in Übereinstimmung kommen musste, was ich glaubte.

Überall, wohin ich ging, fragten mich die Leute nach diesem Geschwür, und ich sagte: »Ich bin geheilt im Namen Jesu.« Ich muss das in diesen sechs Jahren wohl tausend Mal gesagt haben, und die Heilung wurde schließlich auch sichtbar.

Worauf ich hinaus will, Brüder und Schwestern, ist dies: Im Glauben zu leben und die Vorstellungskraft richtig einzusetzen, ist ein Lernprozess. Ich befinde mich, genau wie ihr, mitten in diesem Prozess. Im Laufe der Jahre habe ich gelernt, dass Gott, wie jeder gute Vater, viel mehr an unseren Fortschritten als an unseren Ergebnissen interessiert ist. Heute zum Beispiel muss ich stündlich

Tausende von Dollar verfügbar haben, nur um meine Mitarbeiter bezahlen und unsere anderen Verpflichtungen erfüllen zu können. Das sind Millionen von Dollar pro Monat! Ich könnte ohne die Gnade Gottes nicht genügend Geld aufbringen, um den Dienst auch nur eine Woche lang am Laufen zu halten, geschweige denn zweiundfünfzig Wochen im Jahr! Früher hätte mich diese Art von Druck umgebracht, aber heute mache ich mir darüber keine Sorgen mehr. Ich verliere keinen Schlaf. Genau das macht den Glauben aus.

In Hebräer 11,1 (ELB) heißt es: »Der Glaube aber ist eine Wirklichkeit dessen, was man hofft, ein Überzeugtsein von Dingen, die man nicht sieht.« Der Glaube baut nicht auf der physischen Realität dessen auf, was wir mit unseren Augen sehen, mit unseren Ohren hören oder in unseren Händen halten können. Es gibt mehr in diesem Leben als das, was unsere fünf Sinne uns mitzuteilen vermögen.

Während du dieses Buch liest, bist du von zahlreichen Fernseh- und Radiosignalen umgeben. Auch drahtlose Internet- und Telefonsignale schwirren um dich herum. Du kannst sie nicht sehen, aber sie sind da. Fernseh- und Radiosender beginnen nicht erst dann mit der Signalübertragung, wenn du dein Gerät einschaltest. Sie senden die ganze Zeit über. Man braucht nur ein Gerät, das einem hilft, diese Signale einzufangen und sie wahrzunehmen. Im Reich des Geistes besteht dieser »Empfangsapparat« in deinem Glauben. Der Glaube hilft dir, die geistliche Realität wahrzunehmen.

Gott ist Geist (Joh 4,24), und wir sind nach seinem Bild als Geisteswesen geschaffen (1Mo 1,26). Gott kommuniziert mit uns von Geist zu Geist. Meine Lehrserie bzw. mein Buch *Geist, Seele & Körper* erklärt dieses Prinzip besser, als ich es hier in der Kürze tun kann, aber alles, was wir von Gott empfangen, gelangt zuerst in unseren Geist. Unser wiedergeborener Geist hat keine Mühe, von Gott zu empfangen oder seine Stimme zu hören. Aber bevor unser Körper Gottes Verheißungen erfahren oder seine Stimme hören kann, müssen wir unsere Seele darauf ausrichten (Phlm 6).

Moderne Christen verbringen viel Zeit damit, überall im Land besondere Gottesdienste zu besuchen, in der Hoffnung auf ein »Wort von Gott«. Wir fasten und versuchen, Gottes Mitgefühl zu wecken. Wir jammern: »O Gott, sende Erweckung! Rette die Verlorenen! Strecke deine heilende Hand aus! Bewege dich in unserer Mitte!« Aber Gott braucht sich nicht zu bewegen. Er ist nicht derjenige, der festhängt! Er muss nicht »seine Hand ausstrecken«. Das hat er schon vor 2000 Jahren getan!

Wir haben dieselbe Kraft in uns, die Jesus Christus von den Toten auferweckt hat (Röm 8,11; Eph 1,18–20). Die Kraft Gottes ist nicht irgendwo da draußen. Wir müssen sie nicht suchen oder sie zu uns herunter beten. Wir müssen nicht kämpfen, um unsere Gebete durch den dämonischen Bereich zu schleusen. Wir müssen unsere Gebete nicht über die Zimmerdecke hinausbringen! Gott – der Schöpfer des Universums – lebt in jedem wiedergeborenen Gläubigen. Deshalb beugen wir den Kopf beim Gebet. Wir müssen nichts weiter tun, als zu erkennen, was wir haben (Phlm 6), und zu lernen, wie wir es im Glauben freisetzen können.

Der Glaube ist unsere positive Reaktion auf Gottes Gnade. Er erzeugt Vertrauen in Gott, das zum Handeln führt.

So ist es auch mit dem Glauben: Wenn er keine Werke hat, so ist er an und für sich tot. Da wird dann einer sagen: »Du hast Glauben, und ich habe Werke. Beweise mir doch deinen Glauben aus deinen Werken, und ich werde dir aus meinen Werken meinen Glauben beweisen!« … Denn gleichwie der Leib ohne Geist tot ist, also ist auch der Glaube ohne die Werke tot. — Jakobus 2,17–18.26

Glaube ohne Werke ist tot. Zu wissen, dass man durch die Striemen Jesu geheilt wurde (1Petr 2,24), und sich wegen Eventualitäten dennoch Sorgen zu machen oder gestresst zu sein, während man gleichzeitig versucht, diese Wahrheit auszuleben, ist kein Glaube. Es ist kein Glaube, solange du es nicht mit deinem Herzen siehst und im Vertrauen auf Gottes Verheißungen zur Ruhe kommst. Du kannst an einen Punkt gelangen, an dem das, was du mit deinem Herzen siehst – inspiriert durch das Wort Gottes und lebendig gemacht durch den Heiligen Geist –, realer für dich ist als das, was du mit deinen Augen wahrnimmst oder in deinem Körper spürst.

Viele Menschen verwechseln Glauben mit einem Glaubenssystem oder der Zustimmung zu einer Reihe von Wertvorstellungen, aber Glaube ist Vertrauen in Gott (Ps 27,14). Während wir das Auditorium für den Charis-Campus von *The Sanctuary* in Woodland Park bauten, ging uns das Geld aus. Wir hatten uns verpflichtet, den gesamten Campus schuldenfrei zu bauen, und so stellten wir den Bau des nur teilweise fertiggestellten Gebäudes ein. Mehrere meiner Mitarbeiter fragten: »Bist du entmutigt, Andrew? Beunruhigt dich dieser Baustopp?«

»Nein«, antwortete ich. »Ich bin nicht besorgt. In meinem Herzen weiß ich, dass alles erledigt ist. Ich bin mir zwar über das Timing nicht sicher und ich weiß auch nicht, wie anstrengend der Weg dorthin wird, aber ich sehe die Sache als geschafft an. Ich werde mir keine Gedanken darüber machen.« Weniger als drei Monate später waren wir wieder voll dabei.

Einige Jahre davor, als wir für unseren Dienst das Gebäude am Elkton Drive in Colorado Springs kauften, musste der Bau für 3,2 Millionen Dollar renoviert werden, um ihn passend für uns umzugestalten. Der Herr sagte mir, ich solle es schuldenfrei machen, aber damals hätte es bei den Einnahmen, die wir erzielten, über hundert Jahre gedauert, um ausreichend Geld für diesen Zweck anzusparen!

Meine Mitarbeiter regten an, ich solle mich an meine Partner wenden. Doch drei oder vier Monate lang hielt ich mich stattdessen einfach nur in diesem Gebäude auf. Ich wusste, dass ich mich irgendwann mit meinen Partnern in Verbindung setzen musste, aber zuerst musste ich meinen Glauben stärken. Ich brauchte Zeit, um meine Vorstellungskraft zu aktivieren. Ich ließ unseren Bauunternehmer mit Klebeband auf dem Boden des Gebäudes jede Wand und jede Tür markieren. Ich verbrachte Hunderte von Stunden damit, durch diese »Flure« zu gehen. Ich bin herumgelaufen und habe gebetet. Ich stellte mir das Gebäude voller Studenten vor. Ich ging durch die »Türen« und dachte darüber nach, wie die einzelnen Räume aussehen sollten, und betete für die Studenten, die kommen würden. In der Aula stellte ich 20-Liter-Eimer umgedreht auf und legte ein Holzbrett darüber, um eine »Bühne« zu schaffen. Wenn niemand in der Nähe war, stand ich in völliger Dunkelheit auf dieser Bühne und predigte. Ich bin so lange durch die »Räume« gelaufen, bis ich alles in meiner Vorstellung sehen konnte. Als ich schließlich die Vision aufschrieb und unseren Partnern von dem Vorhaben erzählte, kam durch ihre Spenden mehr rein, als der Dienst je erhalten hatte. Innerhalb von vierzehn Monaten kamen so die 3,2 Millionen Dollar zusammen, die wir für die Renovierung des Gebäudes benötigten!

In diesen beiden geschilderten Fällen – der nässenden Wunde am Ohr und dem Bauprojekt – musste ich im Glauben wandeln. Ich musste die Dinge, die Gott mir in seinem Wort zeigte, nehmen und darüber nachsinnen, bis ich die Lösung in meiner Vorstellung sehen konnte. Die meisten Christen in ähnlichen Situationen geraten in Panik. Sie machen sich Stress wegen ihres Problems oder handeln impulsiv. Sie warten nicht ab. Sie denken nicht über das

Wort Gottes nach. Sie geben ihrer Vorstellungskraft nicht die nötige Zeit, um eine Antwort zu empfangen. Sie wandeln nicht im Glauben.

Brüder und Schwestern, wir haben alles, was wir brauchen, um das Ziel zu erreichen! Aber genau wie ein Muskel trainiert werden muss, um seine Leistungsfähigkeit zu verbessern, müssen wir auch unseren Glauben trainieren. Die Vorstellungskraft hilft uns dabei.

KAPITEL 14

Setze deinen Glauben ein

Gott hat uns bereits alles gegeben, was wir zum Überwinden brauchen (2Petr 1,3), aber es braucht Glauben, um mit Gott in Übereinstimmung zu kommen und darauf zu vertrauen, dass das, was er gesagt hat, auch geschieht. Eine Möglichkeit, das zu erreichen, ist durch unsere Stimme. Ich habe unter den Charis-Studenten den Ruf, nur im Einklang mit dem Wort Gottes zu sprechen, nur das zuzulassen, was Glauben ausdrückt. Demzufolge korrigiere ich Studenten, die Worte des Zweifels und Unglaubens äußern. Also haben die meisten gelernt, in meiner Nähe auf bestimmte Weise zu sprechen. Das Problem ist, dass sie nicht auf dieselbe Weise sprechen, wenn sie allein oder unter sich sind. Den meisten von ihnen wäre es peinlich, mit mir so zu reden, wie sie mit ihren Freunden reden oder in ihrem Kopf denken. Aber das Selbstgespräch ist der Punkt, an dem die Schlacht gewonnen oder verloren wird. Es hilft uns, unsere Vorstellungskraft zu lenken.

Hast du deine Stimme schon einmal auf einer Aufnahme gehört? Man hört sich selbst anders, als andere Menschen einen hören. Andere Menschen hören dich nur mit ihren äußeren Ohren. Du hörst deine Stimme mit deinen äußeren und deinen inneren Ohren, was eine andere Wirkung hat.

Deine Worte wirken sich auf dich anders aus als auf andere – sie haben viel mehr Bedeutung für dich. Als ich von dieser Wahrheit zum ersten Mal erfuhr, stellte ich mich vor den Spiegel, schaute mir in die Augen und sagte: »Du bist gerecht.« Als ich das zum ersten Mal sagte, stellten sich mir sämtliche Nackenhaare auf! Ich dachte: *O Gott, bitte erschlage mich nicht. Ich versuche nur zu sagen, was die Bibel sagt.* In mir waren so viele Jahre der Unwürdigkeit verwurzelt, dass es mich sehr viel Mühe kostete, diese Worte auszusprechen. Ich musste mich regelrecht dazu zwingen.

Dasselbe musste ich tun, als der Herr mich in den Dienst berief. Ich musste mich selbst davon überzeugen, dass das, was Gott über mich sagte, wahr war. Dazu musste ich mich Gottes Wort aussprechen hören. Ich schaute also in den Spiegel und sagte zu mir: »Du wirst vor Tausenden von Menschen sprechen. Du wirst zu den Nationen gehen. Du wirst tun, wozu Gott dich berufen hat.«

Jesu Aussage in Markus 11 veranschaulicht dieses Konzept. Nachdem Jesus den Feigenbaum verflucht hatte, waren seine Jünger schockiert, als sie erneut daran vorbeikamen und feststellten, dass der Baum von den Wurzeln her verdorrt und abgestorben war. Jesus sagte zu ihnen: »Habt Glauben an Gott!« (Mk 11,22). Wir haben zwar nicht den Vorteil, den Tonfall seiner Stimme zu hören, aber ich glaube, Jesus wollte sagen: »Was ist los mit euch, Leute? Alles, was ihr braucht, ist Glaube.« Er fuhr fort: »Wenn jemand zu diesem Berg spricht: ›Hebe dich und wirf dich ins Meer!‹, und in seinem Herzen nicht zweifelt, sondern glaubt …« (In anderen Evangeliumsberichten ist von »Glaube wie ein Senfkorn« die Rede.) Man beachte, dass Jesus nicht sagte: »Ihr könnt mit Gott über diesen Berg sprechen.« Nein, er fordert die Jünger auf, zu dem Berg zu sprechen:

> *Denn wahrlich, ich sage euch: Wenn jemand zu diesem Berg spricht: Hebe dich und wirf dich ins Meer!, und in seinem Herzen nicht zweifelt, sondern glaubt, dass das, was er sagt, geschieht, so wird ihm zuteilwerden, was immer er sagt. Darum sage ich euch: Alles, was ihr auch immer im*

Gebet erbittet, glaubt, dass ihr es empfangt, so wird es euch zuteilwerden! — Markus 11,23–24

Etwas geschieht, wenn man sich selbst Gottes Wort sprechen hört. Es wird fast noch bedeutsamer, noch realer. Das hilft, den eigenen Glauben zu stärken. In Römer 10,17 (KJV) heißt es: »Der Glaube kommt aus dem Hören, das Hören aber durch das Wort Gottes.« Glaube entsteht, wenn du dich selbst (und andere) Gottes Wort sprechen hörst.

Jesus sagte, wir müssen zu unseren Bergen sprechen. Aber anstatt das zu tun, beten Christen oft: »O Gott, ich habe ein Problem. Der Arzt hat gesagt …« oder »Mein Kontoauszug sagt …«. Sie sagen Dinge wie »O Gott, tu etwas! Ich kann nichts tun. Ich bin nichts, ich habe nichts, aber du kannst alle Dinge tun. Gott, hilf mir!«

Du wirst sterben, wenn du so betest. Gottes Toten-Auferweckungskraft lebt in dir (Eph 1,18–19). Komm in Einklang mit Gott! Sprich zu deinem Berg. Sage: »Krankheit, im Namen Jesu, verschwinde aus meinem Körper! Krebs, ich verfluche dich. In Jesu Namen, verdorre und stirb ab in diesen Zellen.« Setze deine Zunge wie eine Waffe ein. Verfluche das, womit Satan versucht, dich zu zerstören. Sprich deinem Körper Leben zu, wie in Sprüche 18,21 erläutert. Danke Gott für seine Gnade und sieh im Geist, wie seine Salbung durch deinen Körper fließt und jede Zelle gesund macht in Jesu Namen.

Im Jahr 2001 kam ich in Kontakt mit einer Presbyterianerin, die sehr krank war. Diese kostbare Frau hatte seit sieben Jahren mit derart starken Schmerzen zu kämpfen, dass sie fast schon invalide war. Die einzige Möglichkeit, damit fertigzuwerden, bestand für sie darin, sich mit Magneten zu bedecken. Irgendwie half das Magnetfeld, ihre Schmerzen zu lindern. Sie verbrachte die Tage im Bett liegend, eingehüllt in eine magnetische Decke.

Als ich sie kennenlernte, sagte sie zu mir: »Ich weiß, dass alle Dinge zum Guten zusammenwirken, also weiß ich, dass Gott einen Grund für meine Schmerzen hat.«

»Das ist nicht wahr«, sagte ich. »Gott hat nichts mit Krankheit zu tun. Er ist nicht derjenige, der dich krank macht. Er steuert das nicht.« Wie die meisten Christen, die diese Wahrheit zum ersten Mal hören, war sie fassungslos.

»Aber ich glaube, dass Gott durch all das verherrlicht werden kann. Er wird letztendlich ein Zeugnis daraus gewinnen.«

»Das größte Zeugnis, das du aus dieser Sache ziehen kannst«, antwortete ich, »ist, geheilt zu werden.« Ich begann, all ihrem falschen Denken das Wort Gottes entgegenzusetzen. Ich erläuterte ihr 1. Petrus 2,24 und Markus 11,23. Ich sagte ihr, dass Gott für die Heilung ihres Körpers bereits gesorgt und ihr die Vollmacht gegeben habe, Satans Machenschaften zu bekämpfen. Sie brauche Gott nicht anzuflehen und ihn immer wieder zu bitten, das zu tun, was er *ihr* aufgetragen hat. Kurze Zeit später betete ich für sie und sie war sofort schmerzfrei! Sie schob ihre Decke weg, stand auf und fing an, sich zu bewegen.

»Ich spüre keine Schmerzen!«, sagte sie. »Aber ich habe ein leichtes Stechen im Lendenbereich. Warum habe ich dieses Stechen?«

»Du hast mir nicht gesagt, dass du ein Stechen hast«, sagte ich. »Ich habe nicht zu dem Stechen gesprochen, sondern zum Schmerz.« Dann sprach ich zu dem Stechen und forderte es auf, zu verschwinden. Und das tat es.

Doch gerade als die Frau sich zum Gehen anschickte, erstarrte sie und drehte sich zu mir um. »Das Stechen ist wieder da«, sagte sie.

»Nun, ich habe dir gezeigt, was zu tun ist«, antwortete ich. »*Du* betest.«

Man muss hier bedenken, dass diese Frau fünfundvierzig Minuten zuvor noch Presbyterianerin gewesen war. Sie betete: »Vater, ich danke dir, dass du mir diese Krankheit nicht gegeben hast. Das ist nicht dein Wille für mich. Es ist dein Wille, dass ich geheilt bin. Dein Wort sagt, dass ich durch die Striemen Jesu geheilt bin. Ich beanspruche meine Heilung in Jesu Namen.« Ich denke, für eine Presbyterianerin hat sie ihre Sache richtig gut gemacht! Sie hat die Wahrheit gesagt. Sie machte Gott nicht für ihre Probleme verantwortlich. Aber sie hat trotzdem nicht so gebetet, wie Gott es uns aufgetragen hat.

»Spürst du immer noch das Stechen?« fragte ich.

»Ja. Wieso ist das Stechen noch da?«

»Weil du nicht getan hast, was Gott dir aufgetragen hat. Er sagte, du sollest zu dem Berg sprechen. Stattdessen hast du mit Gott gesprochen. Du hast Gott gesagt, was du glaubst, aber du hast deine Autorität nicht genutzt und zu dem Stechen gesprochen.«

»Du meinst, ich soll sagen ›Stechen, hör auf in Jesu Namen‹?«, fragte sie.

»Ja.«

»Okay, mach ich.« Und sie betete wieder. »Stechen, im Namen Jesu …« Da hielt sie inne und sagte: »Es ist weg!«

Ich sehe diese Frau fast jedes Jahr, wenn ich nach Charlotte, North Carolina, fahre, und sie lebt seit 2001 ein produktives, schmerzfreies Leben! Sie hat mir erzählt, die Symptome seien ein paar Mal zurückgekommen, aber jedes Mal setze sie ihre Autorität ein, woraufhin sie wieder verschwinden.

Wenn es dir schwerfällt, auf die Umstände des Lebens mit Glauben zu reagieren, dann fange an, deine Worte zu überprüfen. Sind sie wahr – nicht faktisch, sondern *wahr* – und basieren sie auf Gottes Wort? Sagst du Dinge wie: »Durch seine Striemen bin ich geheilt« (1Petr 2,24), »Kranken werde ich die Hände auflegen, und sie werden gesund« (Mk 16,18) und »Mit mir geht es immer nur aufwärts, nicht abwärts; ich bin ganz vorn und nicht das Schlusslicht« (5Mo 28,13)? Erklärst du: »Ich habe den Sinn Christi« (1Kor 2,16) und »Meine Kinder werden vom Herrn gelehrt, und ihr Friede ist groß« (Jes 54,13)? Du musst lernen, im Glauben zu dir selbst zu sprechen, denn was du im Inneren hörst und sprichst, wird zum Denken deines Herzens.

KAPITEL 15

Erste Schritte: Hören und Nachsinnen

In Epheser 4 heißt es:

> *Das sage und bezeuge ich nun im Herrn, dass ihr nicht mehr so wandeln sollt, wie die übrigen Heiden wandeln in der Nichtigkeit ihres Sinnes, deren Verstand verfinstert ist und die entfremdet sind dem Leben Gottes, wegen der Unwissenheit, die in ihnen ist, wegen der Verhärtung ihres Herzens. — Epheser 4,17–18*

Nicht viele Leute können mit diesen Versen etwas anfangen, aber ich habe einmal ein ganzes Jahr lang nur über Epheser 4 meditiert. Diese Verse in der Mitte des Kapitels legen die Wurzel des Problems offen. Sie erklären, dass wir als Gläubige angesichts des neuen Lebens, das uns in Christus geschenkt wurde, aufhören müssen, wie die Heiden (oder diejenigen, die den Herrn nicht kennen) in der »Nichtigkeit ihres Sinnes« zu wandeln. »Nichtigkeit« könnte man hier auch durch »Nutzlosigkeit« ersetzen. Paulus sagt, dass wir nicht wie jemand leben sollen, der den Herrn nicht kennt und der seinen Verstand oder seine Vorstellungskraft nicht nutzbringend einsetzt.

Weißt du, wer sündigt, handelt nicht klug. Sieh dir nur einige bekannte Prediger an, die Erfolg hatten und Millionen von Menschen erreichten und dennoch weiter wie Heiden lebten. Sie vergnügten sich mit Prostituierten und veruntreuten Spendengelder, weil sie dachten, dass sie nicht erwischt würden oder dass es keine Rolle spiele, weil sie damit ja niemandem schadeten. Sie ließen zu, dass ihre Gefühle und die Begierde des Fleisches ihre Arbeit zerstörten. Sie verletzten ihre Familien. Sie schadeten der Kirche. Sie haben alles verloren. Hätten sie ihren Verstand benutzt, hätten sie das nie aufs Spiel gesetzt.

Obwohl es unklug ist, sündigen die Menschen trotzdem. Sie lügen, betrügen und stehlen. Sie verleumden andere. Sie betrinken sich und nehmen Drogen. Sie würgen ihre Eingeweide heraus, während sie mit dem Kopf über einer schmutzigen Toilette hängen. Sie schädigen ihre inneren Organe, verlieren ihre Arbeit, gehen pleite, zerstören ihre Familien und machen sich zum Narren. Sünde ist einfach nur dumm.

Als Christen sollten wir nicht wie ein verlorener Mensch leben, der einfach immer tut, was sich im Moment gut anfühlt, ohne an die Folgen zu denken. Sünde hat Konsequenzen. In Römer 6,23 steht: »Der Lohn der Sünde ist der Tod.« Die Sünde wird dich weiter bringen, als du gehen willst, sie wird dich länger dort festhalten, als du bleiben willst, und sie wird dich mehr kosten, als du bezahlen willst. Du willst nicht sündigen. Du willst nicht in der Nichtigkeit deines Sinnes leben und handeln.

Eine weitere Bedeutung des griechischen Wortes, das in Epheser 4 mit »Nichtigkeit« übersetzt wurde, ist »Flüchtigkeit«. Was flüchtig ist, ist nur vorübergehend. Es hat keinen festen Platz, so wie ein Nichtsesshafter, der umherzieht, auf der Straße lebt oder unter einer Brücke schläft. Als Gläubige sollten wir nicht zulassen, dass unser Verstand so funktioniert. Wir sollten ihn nicht umherschweifen oder unproduktiv sein lassen. Wir müssen unseren Verstand benutzen, um unsere Worte und Taten abzuwägen und uns auf den Preis unserer himmlischen Berufung in Christus zu konzentrieren (Phil 3,14). In Sprüche 4,25–27 heißt es:

Lass deine Augen geradeaus schauen und deine Blicke auf das gerichtet sein, was vor dir liegt! Mache die Bahn für deinen Fuß gerade, und alle deine Wege seien bestimmt; weiche weder zur Rechten ab noch zur Linken, halte deinen Fuß vom Bösen fern!

Ein fokussierter Blick – eine fokussierte Vorstellungskraft – ist für ein gelingendes und erfolgreiches Leben unabdinglich. Ohne sie, so heißt es im Epheserbrief, wird unser Verstand verfinstert und wir entfremden uns dem Leben, das Gott für uns in Christus bereithält.

Das sage und bezeuge ich nun im Herrn, dass ihr nicht mehr so wandeln sollt, wie die übrigen Heiden wandeln in der Nichtigkeit ihres Sinnes, deren Verstand verfinstert ist und die entfremdet sind dem Leben Gottes, wegen der Unwissenheit, die in ihnen ist, wegen der Verhärtung ihres Herzens. — Epheser 4,17–18

Das griechische Wort, das hier mit »Verstand« übersetzt wurde, lautet *dianoia*. Wörtlich bedeutet es »tiefes Nachdenken« (Strong's Concordance). Kein beiläufiges Denken, kein oberflächliches Denken, sondern tiefes Denken. Man kann es mit Meditation vergleichen. Dasselbe Wort *dianoia* findet sich in Lukas 1,51, wo es mit »Gesinnung« übersetzt ist. In diesem Vers heißt es, dass Gott diejenigen »zerstreut, die hochmütig sind in der Gesinnung ihres Herzens«, also in dem, was sie sich in ihrem Herzen vorstellen. Ohne Vorstellung kann man nicht verstehen, doch wenn die

Vorstellungskraft nicht richtig funktioniert und die falschen Bilder produziert, wird man nicht richtig verstehen. Dein Verstand wird verfinstert – du wirst nicht richtig »sehen« können und dem Leben Gottes entfremdet sein.

Genau das passierte den Israeliten das ganze Alte Testament hindurch und bis in die Zeit des Wirkens Jesu hinein. Jesus sagte, indem er Jesaja zitierte:

> *… es wird an ihnen die Weissagung des Jesaja erfüllt, welche lautet: »Mit den Ohren werdet ihr hören und nicht verstehen, und mit den Augen werdet ihr sehen und nicht erkennen! Denn das Herz dieses Volkes ist verstockt, und mit den Ohren hören sie schwer, und ihre Augen haben sie verschlossen.*
> *— Matthäus 13,14–15a*

Welch ein schrecklicher Zustand! Leider trifft diese Beschreibung auf viele in unserer heutigen Welt zu, sogar auf viele, die glauben – vielleicht sogar auf einige, die dieses Buch lesen. Immer wieder kommen Menschen zu mir und bitten mich, dafür zu beten, dass Gott zu ihnen spricht und ihnen seinen Willen zeigt. Doch Jesus sagte, dass seine Schafe seine Stimme hören, und der Stimme eines Fremden würden sie nicht folgen (Joh 10,3–5). Jesus sagte nicht, dass seine Schafe seine Stimme hören *könnten*; er sagte, dass sie es *tun*.

Es ist nicht nötig, dass ich für dich bete, damit Gott zu dir spricht und dir Orientierung gibt. Gott spricht ständig. Du musst nur deine Ohren aufs Hören einstellen. Nutze deine Vorstellungskraft, die dir hilft zu verstehen.

Des Weiteren erklärte Jesus in Matthäus 13, dass die Menschen, wenn sie lernen würden, richtig zu hören und zu sehen, mit dem

Herzen verstehen würden und er in ihrem Leben wirken könnte (Mt 13,15). Er sagte zu seinen Jüngern:

> *Aber glückselig sind eure Augen, dass sie sehen, und eure Ohren, dass sie hören! Denn wahrlich, ich sage euch: Viele Propheten und Gerechte haben zu sehen begehrt, was ihr seht, und haben es nicht gesehen, und zu hören, was ihr hört, und haben es nicht gehört.* ***So hört nun*** *ihr das Gleichnis vom Sämann. — Matthäus 13,16–18*

Wir müssen uns Zeit nehmen, um Gottes Wort zu »hören«. Wir müssen darüber nachsinnen, bis wir es verstehen, bis es ein Bild in uns formt. In Psalm 1 steht:

> *Wohl dem, der nicht wandelt nach dem Rat der Gottlosen, noch tritt auf den Weg der Sünder, noch sitzt, wo die Spötter sitzen, sondern seine Lust hat am Gesetz [od. an der Weisung/Lehre] des HERRN und über sein Gesetz nachsinnt Tag und Nacht. — Psalm 1,1–2*

Wir müssen Tag und Nacht über das Wort Gottes nachsinnen bzw. meditieren. Meditation ist Bestandteil unserer Vorstellung. Psalm 2,1 fragt: »Warum toben die Heiden und ersinnen die Völker Nichtiges?« Tatsächlich ist das Wort, das hier mit »ersinnen« übersetzt ist, identisch mit dem, das in Psalm 1 mit »nachsinnen« übersetzt wurde! Demzufolge ist unsere Vorstellungskraft eine der Möglichkeiten, wie wir meditieren.

Ich bin immer wieder erstaunt über die Zahl der Gläubigen – selbst der geisterfüllten –, die die Bibel zwar zitieren können, aber die Veränderung, die sie im Leben bewirkt, und ihre Kraft nie persönlich erfahren. Wenn man weiter so denkt und handelt wie vor der Errettung, gibt es dafür nur einen Grund: Man hat dieses wichtige Prinzip des Nachsinnens bzw. Meditierens ignoriert.

Viele Leute haben mehr angelesenes Wissen als echte Erfahrung, was das Wort Gottes betrifft. Man muss mehr tun, als die Bibel nur zu lesen. Du musst über das Gelesene nachdenken und es anwenden. Nimm den Platz der jeweiligen Figur ein und frage: »Was bedeutet das für mein Leben?« Erlaube dem Gelesenen, ein Bild in deiner Vorstellung entstehen zu lassen. Sieh nicht nur Daniel, wie er angesichts einer repressiven Regierung für das Richtige eintritt, sondern sieh dich selbst an seiner Stelle. Sieh nicht nur David, der Goliat besiegt, sondern sieh dich die Riesen in deinem eigenen Leben besiegen. Sieh nicht nur, wie Jesus die Kranken heilt; sieh dich selbst die Kranken heilen. In Johannes 14,12 sagte Jesus: »Wer an mich glaubt, der wird die Werke auch tun, die ich tue, und wird größere als diese tun, weil ich zu meinem Vater gehe.«

Hast du schon jemanden von den Toten auferstehen sehen? Hast du gesehen, wie blinde Augen geöffnet wurden? Hast du erlebt, dass Taube hören oder Lahme gehen können? Wenn nicht, dann hast du noch etwas Meditation vor dir.

KAPITEL 16

Die Macht der Hoffnung

Die Vorstellungskraft ist die wichtigste Funktion in unserem Leben sowohl was das Physische als auch das Geistliche angeht. Aber leider wird sie zu selten in die richtige Richtung gelenkt. Unser ganzes Leben ist auf Vorstellungen aufgebaut. Körperlich können wir ohne Vorstellungskraft nicht funktionieren. Ohne sie können wir weder lesen noch uns erinnern oder richtig kommunizieren. Ohne Vorstellungskraft können wir auch keine Beziehung zu Gott haben. Unsere Vorstellungskraft hilft uns, zu glauben und von der Zukunft zu träumen. Dieses Konzept der Vorstellungskraft findet sich zwar überall in der Bibel, wird aber nicht immer als »Vorstellungskraft« bezeichnet.

Als Adam und Eva sündigten, unterwarfen sie sich und die gesamte Schöpfung den Auswirkungen der Sünde. Gott sei Dank hat Jesus uns von den ewigen Folgen der Sünde befreit, aber die Schöpfung (und unsere Körper) warten immer noch auf die Befreiung. Wie eine gebärende Frau seufzt die Schöpfung in sehnsüchtiger Erwartung darauf, »dass die Kinder Gottes offenbar werden« (Röm 8,19 LUT). In Römer 8 heißt es weiter, dass auch unser Geist seufzt. Obwohl wir »den Geist als Erstlingsgabe haben« (Röm 8,23), warten wir darauf, dass unsere Erlösung bei der Wiederkunft Christi vollendet wird – wenn wir unseren neuen, verherrlichten Körper erhalten, der weder von der Sünde noch vom Tod angetastet werden kann (Röm 8,23). Und weil wir auf etwas warten, das wir noch nicht sehen können, »hoffen« wir darauf:

Denn wir sind gerettet auf Hoffnung hin. Die Hoffnung aber, die man sieht, ist nicht Hoffnung; denn wie kann man auf das hoffen, was man sieht? Wenn wir aber auf das hoffen, was wir nicht sehen, so warten wir darauf in Geduld.
— Römer 8,24–25 LUT

Die Vorstellungskraft ist die Fähigkeit, mit dem Herzen zu sehen, was wir mit den Augen nicht sehen können. Hoffnung ist ihr neutestamentliches Gegenstück. Als ich anfing, mich mit der Vorstellungskraft zu beschäftigen, schien es, als würde das Wort Vorstellungskraft bzw. das »*Sinnen des Herzens*« in jeder Bibelstelle, die ich fand, in negativer Weise verwendet. Die einzige positive Verwendung, die ich finden konnte, war Davids Gebet in 1. Chronik 29,18, in dem er Gott bat, dem Volk zu helfen, sich ihres großzügigen Gebens zu erinnern. Ich konnte nicht verstehen, warum etwas, das so bedeutsam und grundlegend für unseren Glauben zu sein scheint, so negativ behandelt werden sollte. Als ich jedoch über diese Verse in Römer 8 nachdachte, dämmerte es mir plötzlich – Vorstellungskraft und Hoffnung verweisen auf das Gleiche! Mit dem »*Sinnen des Herzens*« beschreibt die Bibel die nicht erneuerte (und überwiegend negativ genutzte) Vorstellungskraft. Die Autoren des Neuen Testaments hingegen verwenden das Wort *Hoffnung*, wenn sie von unserer positiv gebrauchten Vorstellungskraft sprechen.

Im Römerbrief heißt es, »auf Hoffnung hin sind wir errettet worden« (Röm 8,24). Im Hebräerbrief ist die Rede davon, dass wir aufgrund der »Gewissheit der Hoffnung« von Gott empfangen (Hebr 6,11–12 ELB) und dass die Hoffnung zu einem Anker für unsere Seele wird (Hebr 6,19). Hoffnung bedeutet, zu sehen, was nicht sichtbar ist. Sie hilft uns, auf Gott fokussiert zu bleiben. Sie hält uns emotional stabil und ist wie ein Anker, der uns Halt gibt, wenn wir von den Winden der Umstände oder den Meinungen der Menschen umweht werden. (Wie du sicher weißt, wird ein Schiff, das nicht verankert, sondern einfach im Wasser liegengelassen wird, auch ohne Motor oder Segel von den Wellen weggetragen. Es driftet irgendwohin ab. Aber ein Anker hält das Schiff an seinem Platz fest.) Die Hoffnung bewahrt uns davor, das Leben wie ein Jo-Jo oder ein treibendes Schiff zu erleben. Sie bewahrt uns davor, vom Kurs abzukommen. Hoffnung ist Vorstellungskraft, die auf positive Weise genutzt wird.

Der Glaube und die Liebe werden oft besonders hervorgehoben, während die Hoffnung nur selten gewürdigt wird. Ich habe sogar schon gehört, wie Menschen über diejenigen schimpfen, die »Das hoffe ich« oder »Ich hoffe auf …« sagen. Aus dem glaubensorientierten Lager bekommen sie ein »Hör auf zu hoffen und fang an zu glauben!« um die Ohren gehauen, als sei Hoffnung etwas Schlechtes. Aber in 1. Korinther 13,13 wird die Hoffnung als eine der drei großen Tugenden aufgeführt. Hoffnung ist wichtig. Sie gibt unserem Glauben etwas, mit dem er arbeiten kann.

> *Der Glaube aber ist eine Wirklichkeit dessen, was man hofft, ein Überzeugtsein von Dingen, die man nicht sieht*
> *— Hebräer 11,1 ELB*

Viele Menschen (mich eingeschlossen) verwenden diesen Vers, um Glauben zu beschreiben. Man beachte aber, was dort über die Hoffnung steht: »Der Glaube aber ist eine Wirklichkeit dessen, was man **hofft**«. Der Glaube lässt das, was wir hoffen, Wirklichkeit werden; er bringt die Dinge zur Geburt, die wir in unserer Vorstellung sehen. Was wir nicht in Hoffnung empfangen, kann der Glaube nicht gebären.

Zu diesem Thema habe ich Charles Capps einmal predigen hören. Er erzählte eine Geschichte über einen Mann, der schon sein ganzes Leben lang in der hintersten Provinz wohnte und nur selten in die Stadt kam. Der Mann in seiner Geschichte wusste sehr wenig über moderne Annehmlichkeiten, und eines Tages wurde er zum ersten Mal mit einer Klimaanlage konfrontiert.

Auf einer Bürgerversammlung, umgeben von den Bürgern der Stadt, saß dieser Mann und begann in dem immer wärmer werdenden Saal zu schwitzen. Er beobachtete, wie ein Saalordner in aller Ruhe zur Wand ging und an einem Knopf drehte. Innerhalb von Sekunden spürte der Mann, wie sich kühle Luft im Raum ausbreitete. Das verblüffte ihn so sehr, dass er nicht länger dem Redner zuhörte, sondern das Ding an der Wand untersuchte. Sobald das Treffen zu Ende war, ging er auf den Ordner zu und fragte: »Wie haben Sie die kalte Luft in den Raum gebracht? Was ist das für ein Ding?«

Der Ordner erwiderte: »Das ist ein Thermostat.«

»Kann sich jeder so einen Thermostat besorgen?«

»Klar. Fahren Sie einfach runter zum Baumarkt.«

Auf dem Rückweg zu seiner Hütte im Wald hielt der Mann an und kaufte einen Thermostat. Sobald er nach Hause kam, befestigte er ihn an der Wand und probierte ihn sofort aus. Aber es kam keine Luft heraus. Der Mann wartete, bis es richtig heiß wurde, und versuchte es erneut. Keine kalte Luft. Er konnte sich nicht erklären, worin der Fehler lag; er tat genau das, was er den Ordner hatte tun sehen! Natürlich wusste der Mann nicht, dass der Thermostat nicht für die kalte Luft verantwortlich war, die er während der Versammlung genossen hatte. Denn damit wurde lediglich das Aggregat der Klimaanlage geschaltet – ein Aggregat, das er nicht besaß.

Weißt du, ein Thermostat ist für eine Klimaanlage das, was die Hoffnung für den Glauben ist. Die Hoffnung ist nicht das Aggregat; sie schaltet das Aggregat nur an. Der Unterschied zwischen diesem Mann und dir oder mir ist, dass wir ein Aggregat haben – ein Aggregat, das Glaube genannt wird (1Joh 5,4). Der Galaterbrief sagt uns, dass jeder wiedergeborene Gläubige mit »dem Glauben des Sohnes Gottes« ausgestattet ist (Gal 2,20 KJV). Wir alle haben Glauben. Wir müssen nur lernen, ihn zu aktivieren.

Als Jamie und ich einmal über den Kauf eines neuen Autos nachdachten, beschlossen wir, ein Autohaus aufzusuchen und uns umzusehen. Wir hatten nicht vor, an diesem Tag etwas zu kaufen; wir wollten nur den gedanklichen Entscheidungsprozess in Gang setzen und ein paar Fragen stellen. Kurz nachdem wir angekommen waren, sprach uns ein Verkäufer an. Ich begann, ihm Fragen zu stellen wie: »Wie hoch ist der Benzinverbrauch bei diesem Wagen?« »Was ist im Basispreis enthalten?« und »Was beinhaltet die Garantie?«

Er ignorierte meine Fragen. Stattdessen öffnete er die Fahrertür und sagte: »Steigen Sie ein.«

»Oh, ich bin heute nicht am Kauf interessiert«, antwortete ich. »Ich habe nur ein paar Fragen.«

»Das ist schon in Ordnung«, sagte er. »Probieren Sie ihn einfach aus.«

Als ich dann auf dem Vordersitz saß, sagte er: »Sie sehen gut aus da drin! Ist der Sitz bequem? Sie können ihn elektronisch verstellen. Möchten Sie auf eine Spritztour gehen?« Auf der ganzen Strecke rund um den Block sagte er Dinge wie: »Lieben Sie nicht auch diesen Neuwagengeruch? … Fährt er sich nicht einfach toll? … Welche Farbe gefällt Ihnen? … Können Sie sich vorstellen, wie es wäre, damit nächste Woche zur Arbeit zu fahren?«

Dieser Verkäufer wusste, was er tat! Ich bin mir sicher, dass er nie meine Lehreinheiten über die Vorstellungskraft gehört hatte, aber wie mächtig sie ist, das verstand er ganz genau! Als ich wieder in mein Auto stieg, war es nicht mehr dasselbe. Ich bemerkte jeden Kratzer, jedes Staubkorn. Ich vermisste den Geruch eines neuen Autos – den gleichen Geruch, von dem ich wusste, dass er für ein paar Dollar pro Sprühdose im Supermarkt erhältlich war. Meine Vorstellungskraft begann zu arbeiten, und obwohl ich nicht vorhatte, in den nächsten sechs Monaten ein neues Auto zu kaufen, wurde mein Glaube aktiviert. Ich blieb fast die ganze Nacht wach und überlegte, wie Jamie und ich es uns leisten könnten!

Deine Vorstellungskraft aktiviert deinen Glauben. Wenn du an Heilung glaubst, aber noch nicht innegehalten hast, um dich selbst geheilt zu »sehen«, hast du kein Glaubensproblem, sondern ein Thermostatenproblem. Erst wenn du anfängst zu hoffen – deine Vorstellungskraft in positiver Weise zu nutzen –, wird sich das Glaubensaggregat einschalten.

Ich habe einmal das folgende Zitat von T. E. Lawrence (Lawrence von Arabien) gelesen: »Alle Menschen träumen, aber nicht alle gleich. Diejenigen, die in der Nacht in den staubigen Winkeln ihres Gemütes träumen, wachen am Tag auf und wissen, dass es nur Schäume waren; aber die Tagträumer sind gefährliche Menschen, denn sie können ihre Träume mit offenen Augen erleben, um sie dann in die Tat umzusetzen.« Weißt du, Menschen, die träumen – Menschen, die mit ihrem Herzen sehen –, sind diejenigen Menschen, die die Welt verändern.

KAPITEL 17

Partner des Glaubens

Der Glaube ist mächtig, aber er funktioniert nicht im Alleingang. Bevor du im Glauben handeln kannst, musst du zu *hoffen* anfangen – deine positive Vorstellungskraft einsetzen. Man muss dem Glauben etwas geben, womit er arbeiten kann.

Ich erinnere mich an die Zeit, als unser Dienst noch sehr klein war. Wir hatten weniger als dreißig Mitarbeiter und etwa 2500 Partner. Wir hatten zu kämpfen. Es sah so aus, als würden wir untergehen. Meine Mitarbeiter kamen immer wieder zu mir und sagten: »Du musst es den Leuten sagen. Du musst deinen Partnern von dieser schwierigen Situation erzählen.« Aber ich wusste einfach nicht, was ich sagen sollte. Dann hatte ich einen Traum. In diesem Traum kam ein Partner aus Dallas, Texas, auf mich zu und fragte mich, wie es mir gehe. »Ich bin gesegnet«, antwortete ich.

»Ich weiß, dass du gesegnet bist, Andrew«, sagte er. »Aber ich möchte wissen, wie es um eure Finanzen bestellt ist.«

»Nun, um ehrlich zu sein«, sagte ich, »wir haben zu kämpfen.« Und ich erzählte ihm von der finanziellen Situation des Dienstes.

Er wurde wütend auf mich – und zwar richtig wütend! »Gott hat mich damit beauftragt, euer Partner zu sein!«, sagte er. »Wie kann ich tun, womit Gott mich beauftragt hat, und euch helfen, wenn ihr mir nicht die nötigen Informationen gebt?«

Ich wusste nicht, was ich sagen sollte. Dann fügte er noch hinzu: »Dein Stolz hält dich davon ab, den Leuten zu sagen, was los ist.«

Brüder und Schwestern, ich bin mit einem Wort von Gott aufgewacht! Ich schrieb sofort einen Brief an meine Partner. In dem Brief erzählte ich von meinem Traum, tat Buße und erzählte ihnen von unserer finanziellen Not. Ich habe sie nicht gebeten, zu spenden. Ich fügte nicht einmal einen Rückumschlag bei, aber innerhalb von zehn Tagen erhielt der Dienst 53.000 Dollar – zu jener Zeit fast die Einnahmen eines ganzen Jahres.

Dieser Traum entfachte meine Hoffnung. Er gab mir ein Ziel, an dem ich mich orientieren konnte, etwas, an dem sich mein Glaube festhalten konnte.

Es ist wichtig, dass du diesen Schritt nicht auslässt und dem Glauben etwas zu tun gibst. Sinne über das Wort Gottes nach. Finde Menschen, die dich ermutigen. Öffne dein Herz für die Zeugnisse anderer, die einen Sieg über ähnliche Herausforderungen erlebt haben.

Ich erinnere mich an das Zeugnis einer Frau aus Mobile, Alabama, die jahrelang praktisch in ihrem Sessel gelebt hatte, weil sie durch Arthritis stark beeinträchtigt war – bis zu dem Tag, an dem ihr Mann mich im Fernsehen sah. Ich lehrte über *die Vollmacht der Gläubigen*, und er bat sie, mit ihm zuzusehen. Sie willigte ein. Nach der Sendung wandte sich ihr Mann an sie und forderte sie auf, aufzustehen. Nervös stand sie auf. Innerhalb weniger Augenblicke rannte diese Frau, die wegen ihrer arthritischen Schmerzen eine beidseitige Knieoperation in Betracht gezogen hatte, in ihrem Nachthemd los! Sie rannte aus dem Haus und die Straße hinunter, völlig geheilt. Als sie zum Haus zurückkam, fand sie ihren Mann auf dem Boden liegend vor. Sie dachte zuerst, er sei an einem Herzinfarkt gestorben, aber er lag einfach nur ausgestreckt unter der Kraft Gottes da! Sie schrieb uns und pries Gott dafür, dass sie das Leben wieder genießen konnte. Sie sagte, sie spiele regelmäßig Racquetball und schwimme auch gern.

Die Website meines Dienstes ist voll von Zeugnissen wie diesem, und es kommen ständig neue dazu. Wir haben Zeugnisse von Menschen, die von Krebs, Fibromyalgie, Autismus und anderen »unheilbaren« Krankheiten und Störungen geheilt wurden. Wir haben Zeugnisse von Menschen, die ihre Bestimmung entdeckt haben, und von anderen, die Schutz, Versorgung und Freiheit erfahren haben. Aber jedes davon begann mit einer hoffnungsvollen Vorstellung.

Verachte die Hoffnung nicht. Die Hoffnung ist nicht das Endresultat; sie ist der Partner des Glaubens. Sie ist ein Schritt in diesem Prozess. Die Hoffnung gibt deinem Glauben etwas, worauf er hinarbeiten kann!

Wunder und Entdeckungen, die »beweisen«, dass die Bibel wahr ist, sorgen bei Christen immer für große Begeisterung. Sie denken, wenn man den Ungläubigen ausreichend physische Beweise liefert, werden sie sich schon bekehren. Das Problem ist, dass der Glaube nicht durch physische, greifbare Beweise entsteht. Der Glaube kommt nur durch das Hören des Wortes Gottes (Röm 10,17). Man kann eine Person nicht zum Glauben überreden. Genauso wenig kann man sie zum Glauben zwingen. Archäologische Funde, wissenschaftliche Entdeckungen und Wunder erzeugen keinen Glauben. Sie erzeugen Hoffnung. Sie wecken die Aufmerksamkeit der Menschen und geben ihnen etwas zum Nachdenken.

Jesus erzählte in Lukas 16 eine Geschichte über zwei Männer, die starben. Der eine war ein reicher Mann, der sein ganzes Leben nur für sich selbst gelebt hatte und in den Hades kam. Der andere war ein Mann namens Lazarus, der zu den Gerechten in Abrahams Schoß aufgenommen wurde. (Abrahams Schoß war eine Art Sammelort für diejenigen, die im Glauben starben und auf das Kommen des Messias warteten. Da Jesus die Sünde noch nicht durch seinen Tod und seine Auferstehung beseitigt hatte, konnten diese alttestamentlichen Männer und Frauen nicht in den Himmel kommen. Sie mussten darauf warten, dass Jesus ihnen Zugang zum Vater verschaffte. Sie mussten auf die neue Geburt warten). Im Hades litt der reiche Mann sehr. Er rief über die Kluft hinweg zu Abraham und bat ihn, Lazarus auf die Erde zurückzuschicken, damit er seine Brüder warne. Abraham antwortete ihm:

> *Sie haben Mose und die Propheten; auf diese sollen sie hören! Er aber sprach: Nein, Vater Abraham, sondern wenn jemand von den Toten zu ihnen ginge, so würden sie Buße tun! Er aber sprach zu ihm: Wenn sie auf Mose und die Propheten nicht hören, so würden sie sich auch nicht überzeugen lassen, wenn einer aus den Toten auferstände! — Lukas 16,29–31*

Abraham sagte diesem reichen Mann, wenn seine Brüder dem Wort nicht glaubten, würden sie auch nicht glauben, wenn jemand von den Toten auferweckt würde. Der Glaube kommt nur durch das Hören des Wortes Gottes (Röm 10,17).

Physische Beweise führen nicht zum Glauben. Menschen, die physische Beweise brauchen, um zu glauben, sind fleischlich, und ohne entsprechende Maßnahmen werden sie Schwierigkeiten haben, von Gott zu empfangen. Um von Gott zu empfangen, muss das Wort für uns mehr werden als nur Druckerschwärze auf einem Blatt Papier. Es muss in unseren Herzen lebendig werden. Wir können nicht einfach die Bibel lesen und erwarten, dass unser Leben dadurch Frucht trägt. Wir müssen das Gelesene und Gehörte in uns aufnehmen; wir müssen uns die Zeit nehmen, darüber nachzudenken, und es zu einem Teil unseres Wesens werden lassen.

Vielleicht ist dir schon aufgefallen, dass ich selten Notizen verwende, wenn ich predige. Gelegentlich schreibe ich griechische Wörter oder Definitionen auf, aber im Allgemeinen mache ich mir keine Notizen. Das brauche ich auch nicht, denn ich bin mit dem Wort Gottes wohlvertraut. Ich lese nicht nur darin, sondern habe so viele Jahre damit verbracht, über die Schriften der Bibel zu meditieren – über sie nachzudenken, sie mir vorzustellen –, dass sie inzwischen ein Teil von mir geworden sind.

Mir fällt es zum Beispiel auch nicht schwer, mich an den Tag zu erinnern, an dem Jamie und ich geheiratet haben – denn ich war ja dabei. Unsere Zeremonie dauerte eine Stunde und fünfundvierzig Minuten. Es gab eine Predigt, Gesang und einen Aufruf, sein Leben Jesus zu übergeben. Unser Lied für den Auszug aus der Kirche war Händels *Halleluja* aus dem »Messias«. Wenn du mich nach der Zeremonie fragen würdest, bräuchte ich nicht eine Woche lang »darüber zu beten«. Ich müsste nicht meine Notizen herauskramen oder unser Hochzeitsalbum durchblättern. Ich war dabei. Es war für mich ganz und gar real. Ich erinnere mich lebhaft daran.

Ich studiere die Bibel nie, um etwas für andere daraus zu gewinnen. Ich »bereite nie eine Botschaft vor«, die anderen gelten soll. Ich studiere für mich. Ich lese das Wort Gottes und sinne darüber nach, bis Gott etwas in mir bewegt. Sobald es für mich real geworden ist, lässt sich leicht eine Botschaft daraus ableiten. Ich teile einfach mit, was ich zuvor von Gott mitgeteilt bekommen habe. Es ist, als würde ein Bettler einem anderen Bettler sagen, wo es eine kostenlose Mahlzeit gibt. Ich kann dir von Heilung erzählen, weil ich geheilt worden bin. Ich kann dir von Erfolg erzählen, weil ich selbst Erfolg erlebt habe. Ich kann dir sagen, dass das Wort wirksam ist, weil ich es gesehen habe. Ich kann dir sagen, wie du deine Vorstellungskraft nutzen kannst, weil ich selbst es auch tue.

Vor Jahren saß ich während einer Veranstaltung bei den Charis-Campus-Tagen an meinem üblichen Platz (in der ersten Reihe am Gang) und hörte mit geschlossenen Augen zu, wie meine Frau die Lobpreis- und Anbetungszeit leitete. Der Saal, in dem wir in jenem

Jahr zusammenkamen, hatte einen Mittelgang und eine Doppelflügeltür an der Seite. Während Jamie und die Leute im Saal sangen, sah ich plötzlich vor meinem geistigen Auge, wie die Flügel dieser Tür aufschwangen. Ich sah, wie Jesus durch die Tür in den Raum trat und die Türflügel sich sanft hinter ihm schlossen. Ich beobachtete weiter (mit geschlossenen Augen), wie er zu einer Frau in der ersten Reihe ging und sie berührte. Sie sank aufs Gesicht. Dann ging Jesus an zwei Menschen vorbei und berührte eine andere Frau am Kopf. Sie fiel auf die Knie, streckte die Hände empor und betete Gott an. Es schien alles so real, dass ich meine Augen öffnete und zur Tür schaute.

Prompt flogen die Türflügel auf – genau wie ich es in meiner Vorstellung gesehen hatte. Aber Jesus war nicht zu sehen. Ich beobachtete weiter, wie sich die Tür schloss, und sah dann die erste Frau zu Boden sinken. Wenige Augenblicke später fiel die andere Frau auf die Knie. Alles, was ich in meinem Herzen gesehen hatte, geschah direkt vor meinen Augen. Der einzige Unterschied war, dass ich die geistlichen Elemente nicht sehen konnte – nur die physischen Ereignisse. Mir wurde klar, dass ich die Dinge mit dem Herzen besser gesehen hatte, also schloss ich meine Augen wieder und beobachtete, wie der Herr auf mich zukam.

Er legte seine Hände auf mich und beantwortete viele der Fragen, mit denen ich gerungen hatte. Dann fing er an, den Gang entlang zu gehen, Menschen zu berühren und zu ihnen zu sprechen. Als der Gottesdienst zu Ende war, ging ich auf einige der Leute zu, von denen ich wusste, dass Jesus zu ihnen gesprochen hatte, und fragte sie, was geschehen war. Sie erzählten mir genau dasselbe, was ich den Herrn in meiner Vorstellung hatte sagen hören.

Gott hat uns dazu geschaffen, auf einer höheren Ebene zu leben, als wir es tatsächlich tun. Die meisten von uns gehen halbblind durchs Leben und sehen nur mit den physischen Augen. Und so wie ein Blinder in dem, was er im Leben erfahren kann, eingeschränkt ist, sind auch wir begrenzt, wenn wir durchs Leben gehen, ohne unsere Vorstellungskraft zu benutzen.

KAPITEL 18

Hoffnung entsteht aus unserer Gottesbeziehung

Gott hat uns so geschaffen, dass wir sowohl mit unserer Vorstellungskraft als auch mit unseren Augen sehen können, aber ohne ihn ist es unmöglich, unsere Vorstellungskraft in der von Gott vorgesehenen Weise zu nutzen. In Epheser 2 heißt es:

> *Auch euch hat er auferweckt, die ihr tot wart in euren Vergehungen und Sünden, in denen ihr einst wandeltet gemäß dem Zeitlauf dieser Welt, gemäß dem Fürsten des Machtbereichs der Luft, des Geistes, der jetzt in den Söhnen des Ungehorsams wirkt. Unter diesen hatten auch wir einst alle unseren Verkehr in den Begierden unseres Fleisches, indem wir den Willen des Fleisches und der Gedanken taten und von Natur Kinder des Zorns waren wie auch die anderen.*
> — *Epheser 2,1–3* ELB

Paulus sagte, dass wir vor Christus von Natur aus Kinder des Teufels waren. Wir waren ungehorsam und egoistisch und lebten nur, um die »Begierden unseres Fleisches« zu befriedigen. Die meisten Menschen hören das nicht gern. Sie wollen glauben, dass sie gute Menschen sind und dass Jesus nur das Sahnehäubchen auf dem Kuchen ist. Aber es gibt keine guten Menschen. (Ich weiß, das klingt beleidigend, aber dennoch ist es wahr.) Es gibt nur verschiedene Ausprägungen des Verlorenseins. Die Bibel sagt, wir waren *alle* tot in Übertretungen und Sünden. Wir sind alle hinter Gottes Anspruch zurückgeblieben (Röm 3,23). Menschen, die nicht wiedergeboren sind, sind von Natur aus Kinder des Zorns; der Geist des Ungehorsams wirkt in ihnen. So waren wir alle, bevor wir uns Christus hingegeben haben.

Viele in unserer Gesellschaft weigern sich, dies anzuerkennen. Sie weigern sich zuzugeben, dass sie selbstsüchtig sind, dass sie ohne Christus keine Hoffnung haben. Sie sagen: »Ich bin vielleicht nicht so gut, wie ich sein sollte, aber ich bin ziemlich nah dran.« Aber wer will schon der beste Sünder sein, der je in die Hölle gefahren ist? In 2. Korinther 10,12 heißt es, dass es nicht klug ist, sich mit anderen zu vergleichen und sich aneinander zu messen. Vielleicht hast du nicht geraubt, vergewaltigt oder getötet, aber ich garantiere dir, dass du schon egoistisch warst oder andere verletzt hast. Wir alle haben gesündigt; wir alle brauchen einen Erlöser. Wenn wir nicht bereit sind, das anzuerkennen, können wir nicht gerettet werden.

Als die Vereinigten Staaten gegründet wurden, glaubten unsere Gründerväter, dass die Menschheit von Natur aus böse und egoistisch sei. Sie glaubten, dass wir, uns selbst überlassen, einander unterdrücken und zerstören würden. Also erließen sie Gesetze – im Einklang mit biblischer Moral –, um diesen Drang einzudämmen. Doch heute werde ich für derartige Aussagen regelmäßig angefeindet. Viele nehmen sie einem übel. Doch es ist genau das, was die Bibel sagt.

Überaus trügerisch ist das Herz und bösartig;
wer kann es ergründen? — Jeremia 17,9

Ohne Christus sind wir egoistisch. Gott ist das einzig Gute in unserem Leben (Lk 18,19). Jeder, der etwas anderes denkt, wurde hinters Licht geführt.

Unsere Errettung beruht nicht auf unserer Tugendhaftigkeit. Viele meinen, solange ihre guten Taten ihre schlechten überwiegen, wird Gott sie annehmen. Aber wenn wir das ganze Gesetz halten und doch in einem Punkt dagegen verstoßen, werden wir schuldig, das ganze Gesetz gebrochen zu haben (Jak 2,10). Gott vergleicht uns nie mit anderen Menschen. Er errechnet deine Note nicht anhand des Klassendurchschnitts. Sein Maßstab ist Jesus. Wenn wir nicht so perfekt und so rein sind wie Jesus, dann haben wir versagt. Wir brauchen einen Erlöser.

Gute Menschen kommen nicht in den Himmel und schlechte Menschen kommen nicht in die Hölle. Nur Menschen, denen vergeben ist, kommen in den Himmel, und nur diejenigen, die die Vergebung des Herrn nicht annehmen, kommen in die Hölle.

Weißt du, ich habe ein relativ anständiges Leben geführt. Ich habe nicht gegen die »Großen Zehn« verstoßen. Ich habe noch nie Alkohol getrunken. Ich habe noch nie eine Zigarette geraucht. Ich habe noch nicht einmal Kaffee probiert. Verglichen mit den meisten Menschen, die dieses Buch lesen, habe ich ein superheiliges Leben geführt. Aber ich habe trotzdem gesündigt; ich liege trotzdem noch weit hinter Gottes Anspruch zurück. Ich brauche Jesus nicht einfach nur zum Ausgleich dieses Defizits. Verglichen mit ihm ist all mein Wohlverhalten wie schmutzige Lumpen (Jes 64,5). Was ich brauche, ist Barmherzigkeit.

Früher habe ich mein Geld eine Zeit lang mit Fotoentwicklung verdient. Wenn wir die Fotos von Frauen entwickelten und ihnen die Abzüge zeigten, sagten sie oft: »Ich sehe furchtbar aus. Mein Haar sitzt nicht richtig. Mein Make-up ist verschmiert. Das wird mir nicht gerecht.« Ich denke, meistens wollten sie nur ein Kompliment hören, aber es gab ein paar Gelegenheiten, da hätte ich gerne gesagt: »Lady, Sie brauchen keine Gerechtigkeit. Sie brauchen Gnade!«

Auch wir, Brüder und Schwestern, wollen keine Gerechtigkeit, ganz gleich, wie »gut« wir zu sein glauben. Wenn wir bekämen, was wir verdient haben, käme jeder von uns in die Hölle. Wir alle brauchen Gnade. Wir brauchen keinen Mohammed. Wir können nicht durch Buddha zu Gott gelangen. Wir brauchen Jesus.

Das Christentum ist die einzige Religion auf diesem Planeten, die einen Erlöser hat. In jeder anderen Religion muss man sich die Erlösung durch eigene Taten verdienen. Im Christentum geht es nicht darum, was du tust; es geht darum, was *für* dich getan wurde. Durch Jesus sind wir nicht länger von Gott entfremdet. Wir haben nun Zugang zu den Bündnissen der Verheißung und können jetzt Hoffnung – eine positive Vorstellung – in dieser Welt erfahren.

Paulus führt im Epheserbrief weiter aus, dass Gott sich aufgrund seiner großen Liebe über uns erbarmt hat (Eph 2,4). Er hat uns »lebendig gemacht« und uns in Christus mitauferweckt (Eph 2,5). Paulus sagt, dass wir aus Gnade durch den Glauben wiedergeboren wurden (Eph 2,8). Dann fügt er hinzu:

> *Darum gedenkt daran, dass ihr, die ihr einst Heiden im Fleisch wart und Unbeschnittene genannt wurdet von der sogenannten Beschneidung, die am Fleisch mit der Hand geschieht – dass ihr in jener Zeit ohne Christus wart, ausgeschlossen von der Bürgerschaft Israels und fremd den Bündnissen der Verheißung; ihr hattet keine Hoffnung und wart ohne Gott in der Welt. — Epheser 2,11–12*

In diesen Versen werden die Juden, Gottes auserwähltes Volk, mit allen anderen Menschen auf der Erde verglichen, die in der Bibel auch als Heiden bezeichnet werden. Es lässt sich vielleicht leichter verstehen, wenn wir es auf diejenigen beziehen, die wiedergeboren und Teil von Gottes Familie geworden sind, gegenüber denjenigen, die es nicht sind. Diese Verse besagen, dass wir ohne Christus dem Leben Gottes entfremdet sind. Außerhalb von Christus gelten die Verheißungen in Gottes Wort für uns nicht, und wir haben keine Hoffnung. Deshalb hat Jesus gesagt: »Ich bin der Weg, die Wahrheit und das Leben; niemand kommt zum Vater denn durch mich« (Joh 14,6).

Die Beziehung zu Gott gibt uns Hoffnung. Als Jamie und ich die Nachricht erhielten, dass unser Sohn tot sei, war er bereits seit mehreren Stunden tot. Die Situation, in der wir uns befanden, sah hoffnungslos aus und fühlte sich auch so an. Doch ich erinnere mich, wie ich auf der Fahrt in die Stadt betete: »Vater, du bist ein guter Gott. Ich weiß, dass du meinen Sohn nicht getötet hast. Ich weiß, dass dies nicht dein Wille ist. Ich liebe dich, Herr, und ich möchte, dass du weißt, dass ich dir weiterhin dienen werde, ganz gleich, was passiert.« In diesem Moment war mir nicht danach, Gott zu loben. Mir war zum Weinen zumute. Als ich mich jedoch dafür entschied, ihn zu preisen, erinnerte mich der Herr an ein Wort, das er zu mir gesprochen hatte.

Jahre zuvor, als Jamie und ich in Irland dienten, kam eine Frau, die nichts über unsere Familie wusste, auf uns zu. Sie sagte: »Sie haben zwei Jungen, und der jüngere wird zum Herrn zurückkehren und ihm noch vor dem älteren dienen.« Später im selben Jahr, in Kalifornien, sprach mich ein Fremder in der Gebetswarteschlange bei einem meiner Treffen an und sagte: »Sie haben zwei Jungen, und der jüngere wird dem Herrn noch vor dem älteren dienen.« Zwei verschiedene Menschen, auf zwei verschiedenen Kontinenten, die sich nie begegnet waren und mich nicht kannten, prophezeiten mir genau dasselbe Wort. Als ich am Tag, an dem mein Sohn starb, beschloss, Gott zu vertrauen, erinnerte er mich an diese Prophezeiungen – und die Hoffnung wurde lebendig!

Mein jüngerer Sohn war noch nicht zum Herrn zurückgekehrt, und damit sich diese Worte erfüllen konnten, musste mein Sohn leben! Ich begann zu lachen und sagte zu Jamie: »Das wird das größte Wunder, das wir je erlebt haben!«

Meine Beziehung mit Gott gab mir in dieser Situation Hoffnung. Sie bot meiner Seele einen Anker, als nichts um mich herum verlässlich erschien. Diese Hoffnung entfachte meinen Glauben, und wir erlebten, dass unser Sohn ins Leben zurückkehrte!

KAPITEL 19

Perspektive

Hoffnung (eine positive Vorstellung) ist das beste Mittel gegen Depressionen.

Im Flugzeug habe ich einmal einen Artikel gelesen, in dem es hieß, dass Menschen, die öfter lächeln, glücklicher seien als Menschen, die nicht lächeln. Dem Artikel zufolge haben Psychologen genau untersucht, warum Menschen, die lächeln, glücklicher sind als Menschen, die die Stirn runzeln. Ich wurde richtig wütend, als ich ihre Schlussfolgerung las. Sie sagten, dass ein Lächeln den Menschen glücklicher mache. Wie dumm kann man sein und trotzdem noch atmen? Es ist nicht das Lächeln, das einen Menschen glücklich macht. Es ist das Glücklichsein, das einen Menschen zum Lächeln bringt. Das konnten diese Genies nicht ergründen. Und um zu diesem Schluss zu kommen, haben sie Millionen von Steuergeldern verschwendet.

Wir bringen die Dinge dermaßen durcheinander. Wir behandeln die Symptome anstatt der Ursache.

Einmal kam ein Mann zu mir, der manisch-depressiv war und mit Selbstmordgedanken kämpfte. Er sagte: »Ich kann einfach nicht anders. Ich habe keine Kontrolle über meine Gefühle. Bitte bete, dass Gott etwas tut!«

»Nein«, sagte ich. »Du verleugnest, was das Wort sagt; du hast die falsche Sichtweise. Ich werde nicht beten und dir in dieser Sache zustimmen, sonst lägen wir beide falsch.«

»Was meinst du damit?«, fragte er mich.

»In der Bibel steht, dass wir dem Teufel widerstehen sollen, und er wird von uns fliehen«, sagte ich. »Du sagst mir, dass du dem Teufel widerstanden hast und er *nicht* geflohen ist. Du behauptest also, dass das Wort Gottes nicht gewirkt hat. Das ist aber falsch. Du hast die Autorität und die Macht, das zu überwinden, aber du bist im Unglauben. Zu sagen, dass du nichts tun kannst, ist völlig falsch. Du kannst deine Gefühle kontrollieren.«

»Oh nein«, sagte er. »Ich bin manisch-depressiv. Ich muss Medikamente nehmen, damit ich mich einigermaßen im Griff habe.«

»Es ist alles in Ordnung mit dir«, sagte ich ihm. »Deine Gefühle funktionieren perfekt.«

»Nein, das tun sie nicht. Ich bin den ganzen Tag lang deprimiert.«

»Deine Gefühle funktionieren bestens«, sagte ich wieder. »Sie folgen deinen Gedanken. Es sind deine Gedanken, die verkehrt sind, nicht deine Gefühle.«

Brüder und Schwestern, ihr könnt nicht gleichzeitig hoffnungsvoll und deprimiert sein. Wenn ihr deprimiert seid, dann deshalb, weil ihr nicht hofft. Ihr stellt euch das Wort nicht vor. Ihr wisst nicht, womit ihr aufgrund eurer Beziehung zu Gott ausgestattet seid. Ihr schaut auf die Welt und ihr hört auf die Welt. Ihr seht und erwartet negative Dinge. Nicht das, was einem widerfährt, bestimmt die Gefühlslage, sondern die Art und Weise, wie man das Geschehene wahrnimmt, übt Einfluss auf einen aus.

Nehmen wir zum Beispiel zwei Geschwister aus demselben Genpool, die in genau demselben Alkoholikerumfeld aufwachsen. Diese identische Situation kann zwei sehr unterschiedliche Reaktionen hervorrufen. Der eine Geschwisterteil kann zum Alkoholiker werden, während der andere das Zeug nie anrühren wird.

Ich erinnere mich, wie ich das erste Mal das Zeugnis von Connie Weiskopf hörte. Sie sagte, als sie an Krebs erkrankte, riet ihr jeder ihrer Freunde, alles über die Krankheit in Erfahrung zu bringen, damit sie wisse, wie sie sie bekämpfen könne. Aber der Herr sprach zu ihr und sagte: »Nein, du brauchst nicht alles über Krebs zu wissen. Du musst nur so viel wie möglich über Heilung herausfinden.«

Gott wollte nicht, dass Connies Gefühle mit ihr durchgehen. Er wollte nicht, dass sie alle denkbaren Möglichkeiten studiert, wie der Krebs sie töten könnte. Das hätte ein negatives Bild in ihrer Vorstellung geschaffen. Connie hielt sich an Gottes Wort fest und begann, meine Lehrbotschaften zu hören. Sie fing an, über Heilung zu meditieren. Und sie wurde geheilt!

Wenn deine Vorstellungskraft eine positive Prägung auf der Grundlage von Gottes Wort hätte, könntest du unabhängig davon, was bei dir anklopft oder wie deine Umstände aussehen, so reagieren wie Connie oder wie dieser Psalmist:

> *Was betrübst du dich, meine Seele, und bist so unruhig in mir? Harre auf Gott, denn ich werde ihm noch danken für die Rettung, die von seinem Angesicht kommt! ... Was betrübst du dich, meine Seele, und bist so unruhig in mir? Harre auf Gott, denn ich werde ihm noch danken, dass er meine Rettung und mein Gott ist! — Psalm 42,6.12*

Der Verfasser dieses Psalms, König David, übernahm die Kontrolle über seine Gefühle. Er beschloss, seine Hoffnung (seine positive Vorstellung) auf Gott zu setzen, auch wenn seine Seele »unruhig« war. Er beschloss, sich daran zu erinnern, wer Gott ist, und ihn dafür zu loben, dass er ihm Hilfe und Heilung ist.

In 2. Korinther 2,14 steht, dass Gott uns »allezeit in Christus triumphieren lässt«. Wenn wir hoffen würden, dass dieser Vers wahr ist, wenn wir uns vorstellen würden, dass er sich in unserem Leben bewahrheitet, dann würde der Glaube garantiert folgen. Wir würden nicht deprimiert sein. Wir würden uns keine Sorgen machen. Wir würden uns nicht von Problemen entmutigen lassen. Und wir würden sehen, wie sich diese Schriftstelle in unserem Leben erfüllt.

Wir wurden von Gott geschaffen. In jedem von uns ist ein Teil, der sein göttliches Wesen in sich trägt. Und wie er können wir uns selbst kontrollieren. Wir können unsere Gefühle beherrschen. Wenn wir das nicht könnten, wäre es unfair gewesen vom Herrn, in der Nacht vor seiner Kreuzigung zu seinen Jüngern zu sagen: »Euer Herz erschrecke nicht« (Joh 14,1).

Tatsächlich hatte Jesus seinen Jüngern ganze vierzehn Mal gesagt, dass er gekreuzigt werden und wiederauferstehen würde. Dann befahl Jesus ihnen zweimal innerhalb einer Nacht, ihr Herz nicht unruhig werden zu lassen.

Euer Herz erschrecke nicht! Glaubt an Gott und glaubt an mich! — Johannes 14,1

Dies habe ich zu euch geredet, damit ihr in mir Frieden habt. In der Welt habt ihr Bedrängnis; aber seid getrost, ich habe die Welt überwunden! — Johannes 16,33

Die moderne Psychologie würde das als unvernünftig bezeichnen. Vertreter der sogenannten Political Correctness würden Jesus dafür beschimpfen, dass er für die »Wahrheit« seiner Jünger nicht mehr Verständnis zeigte. Schließlich würden sie sehen, wie er geschlagen und verschmäht wird. Sie würden erleben, wie er verspottet und bespuckt wird. Sie würden zuschauen müssen, wie er gekreuzigt und begraben wird. Es war nur natürlich, dass sie aufgewühlt waren; alles andere wäre Verleugnung gewesen. Hätten

Jesu Jünger jedoch Hoffnung in seine Worte gesetzt, hätte sie all das nicht erschrecken können.

»Ihr könnt Frieden haben«, sagte Jesus zu ihnen. »In dieser Welt werdet ihr Schwierigkeiten haben, aber weil ich überwunden habe, könnt ihr trotzdem Frieden haben, sogar inmitten von Schwierigkeiten« (Joh 16,33). Wenn du dich in Christus und Christus in dir sehen könntest, würde das deine Einstellung ändern.

In Epheser 1,18 betete Paulus, dass wir erkennen mögen, »was die Hoffnung seiner Berufung und was der Reichtum der Herrlichkeit seines Erbes in den Heiligen ist«. Die Herrlichkeit des Erbes Christi ist in uns – in den Heiligen. Die meisten Menschen, wenn sie an Herrlichkeit denken, haben Bilder aus dem Alten Testament vor Augen, die Gottes Herrlichkeit mit einer dicken Wolke vergleichen, die so überwältigend war, dass die Priester nicht mehr in der Lage waren, ihren Dienst zu verrichten. Die Menschen setzen Gottes Herrlichkeit mit seiner Gegenwart oder seiner Macht gleich, und obwohl sie zweifellos auch das umfasst, ist sie doch sehr viel mehr. Gottes Herrlichkeit schließt alle Aspekte seiner Person mit ein; es geht nicht nur darum, wie er aussieht oder wie er klingt. Gottes Herrlichkeit umfasst sein Wesen, seine Güte, seine Weisheit, seinen Wert und alles, was er tut. Die Bibel sagt uns, dass die Herrlichkeit Gottes in Christus Jesus zu finden ist (2Kor 4,6; Hebr 1,3). Aber sieh dir nur an, was Jesus gesagt hat:

> *Und ich habe die Herrlichkeit, die du mir gegeben hast,*
> *ihnen gegeben, auf dass sie eins seien, gleichwie wir eins sind.*
> *— Johannes 17,22*

Die Herrlichkeit Gottes – die Person Jesu – lebt in uns. Wenn wir diese Herrlichkeit irgendwie »verlieren« könnten und sie ersetzt werden müsste, würde das den Himmel in den Bankrott treiben (Röm 8,18). So überwältigend ist Gottes Herrlichkeit in uns! Dennoch denken viele Christen, dass dieser Vers unmöglich auf sie zutreffen könne. Die Herrlichkeit Gottes könne doch unmöglich in ihnen wohnen; alles, was sie sehen, sind graue Haare, Falten und Fettpolster. Sie wissen noch, was sie vor zehn Jahren gesagt haben, oder welche Gedanken sie letzte Woche hatten. Aber sie verstehen nicht, wie man »die Herrlichkeit unseres Herrn Jesus Christus erlangt« (2Thess 2,14). Sie begreifen nicht das Konzept von Geist, Seele und Körper.

Jeder Gläubige, der unter Krankheiten und Beschwerden leidet, mit Sucht und Angst zu kämpfen hat oder ein gescheitertes Leben führt, könnte dennoch im wahrsten Sinne des Wortes nicht näher an Gottes Auferstehungskraft sein. Sie ist direkt in unserem Inneren. Aber die Menschen tun sich schwer mit dieser Lehre. Sie denken, ich würde verletzten Menschen sagen, dass sie nicht verletzt sein sollten. Sie denken, ich sei nicht mitfühlend. Ich verstehe, dass es in dieser Welt Schmerz gibt. Ich verstehe, dass wir alle mit unangenehmen Umständen konfrontiert sind und dass es Gründe gibt, warum Menschen leiden. Aber manchmal ist das Beste, was ich tun kann, Menschen zu ermutigen, sich auf eine höhere Ebene zu begeben – sich über ihre Umstände zu erheben.

Ein Freund von mir, Dave Duell, sagte einmal zu einem Ehepaar, das mit der Bitte um Gebet zu ihm gekommen war: »So spricht der Herr: ›Meine lieben Kinder, habt kein schlechtes Gewissen. Wenn ich nicht Gott wäre, würde ich auch den Mut verlieren.‹« Das fanden die beiden nicht lustig. Sie wollten, dass Dave sich mit ihnen in ihrem Kummer und ihrer Depression suhlt. Aber Gott saß nicht händeringend da. Er war nicht besorgt wegen ihres Problems, also war Dave es auch nicht. Er wusste, dass ihr Problem Gottes Kraft nicht dermaßen stark in Anspruch nehmen würde, dass im Himmel das Licht zu flackern anfinge. Er wusste, dass Gottes Macht mehr als ausreichend war, um ihre Bedürfnisse zu erfüllen.

Als Ashley und Carlie Terradez Gott im Glauben die Heilung ihrer Tochter anvertrauten, weiß ich noch, dass ich zu ihnen sagte: »Das ist ein Kinderspiel für Jesus!« Zu dieser Zeit war ihre Tochter drei Jahre alt. Sie hatte noch nie feste Nahrung zu sich genommen. Sie musste über eine in ihren Bauch eingeführte Sonde ernährt werden. Sie trug Kleidung, wie sie sonst neun Monate alte Babys tragen, sie konnte ihren Stuhlgang nicht kontrollieren, verlor ihre Haare und verschlief den Großteil des Tages. Wenn sie anderen von der Krankheit ihrer Tochter erzählten, hatten sie bis dahin nur Mitleid und Worte des Unglaubens geerntet. Meine Einstellung – »Das ist keine große Sache« – entfachte ihren Glauben, und ihre Tochter wurde sofort geheilt, als ich für sie betete. Seit mehr als zehn Jahren leben sie im Sieg über die eosinophile Enteropathie, wie die Autoimmunkrankheit, die ihre Tochter hatte, genannt wird.

Wir müssen kein Leben der Niederlage und Entmutigung führen. Gott lässt uns immer in Christus triumphieren! Aber wir müssen mit ihm kooperieren. Wir müssen unseren Daumen aus dem Mund nehmen, unsere Hosen für große Jungs oder Mädchen anziehen und unsere Vorstellungskraft einsetzen.

KAPITEL 20

Der Empfängnisprozess

Hoffnung ist eine enorm wirksame Kraft. Doch unsere Gesellschaft und leider auch viele in der Kirche haben sich von ihr abgekehrt. Ich komme ständig in geisterfüllte Kirchen und bin immer wieder schockiert über die Zahl der Leute, die von sich sagen, dass sie mit Depressionen kämpfen. Sie haben sich erlaubt, so sehr in das System der Welt einzutauchen, dass sie nun darin ertrinken.

Ich habe mal einen Autoaufkleber gesehen, auf dem stand: »Wenn du nicht deprimiert bist, fehlt es dir einfach an Aufmerksamkeit.« Und das stimmt, wenn wir die Dinge nur von der natürlichen Seite aus betrachten. Das Leben ist eine tödlich verlaufende Erfahrung. Wir werden alle irgendwann sterben (wenn Jesus nicht zu unseren Lebzeiten wiederkommt). Die Welt will nicht, dass wir hoffen. Die Medien berichten nur über schlechte Nachrichten. Politiker und Experten verlassen sich bei der Beeinflussung des Wählerverhaltens auf Worst-Case-Szenarien. Ärzte tun ihr Bestes, den Menschen keine Hoffnung zu machen. Für die Welt ist Hoffnung eine Belastung.

Unter Predigern und Pastoren gibt es eine Tendenz zu der gleichen Einstellung. Ich bete immer wieder für Menschen, die sagen, dass sie geheilt sind, dann aber fragen: »Soll ich meine Medikamente absetzen?« Das bringt mich in eine schwierige Lage. Ich kann ihren Glauben nicht sehen. Ich kenne ihr Herz nicht. Was ist, wenn sie nicht wirklich glauben? Was, wenn sie das Pferd von hinten aufzäumen und sich darauf verlassen, dass ihre Handlungen

Glauben erzeugen? Was ist, wenn ich sage: »Setze deine Medikamente ab«, und was folgt, beweist, dass sie nicht im Glauben gehandelt haben? Dann bin ich am Ende der Dumme.

Wenn mich jemand fragt: »Soll ich meine Medikamente absetzen?«, antworte ich: »Frag den Heiligen Geist. Dafür ist er da.« Andere Menschen können nicht auf meinen Glauben hin handeln. Menschen, die Medikamente einnehmen, tun dies, weil sie glauben, dass sie krank sind und dass die Medikamente ihnen helfen werden. Ich nehme keine Medikamente, weil ich nicht glaube, dass ich krank bin. Wenn du glaubst, dass du krank bist, solltest du vielleicht Medikamente nehmen. Wenn du glaubst, dass du geheilt bist, brauchst du vielleicht keine Medikamente; möglicherweise musst du nur auf eine Manifestation deiner Heilung warten oder dich langsam von den Medikamenten entwöhnen. Ich weiß nicht, wie es in deinem Herzen aussieht. Ich weiß nicht, was in deinem Körper vor sich geht. Du musst um Weisheit beten und auf das hören, was der Heilige Geist dir sagt.

Ich bin nicht gegen Medizin. Ich habe nichts gegen Ärzte oder Tierärzte. Aber ich würde meinen Hund nicht zu einem Tierarzt bringen – einfach, weil ich keinen Hund habe! Wenn du einen Hund hast, musst du vielleicht von Zeit zu Zeit mit ihm zum Tierarzt gehen. Man muss tun, was man sich zutraut. Versuche nicht, auf dem Glaubenslevel eines anderen zu agieren. Versuche nicht, dir etwas so lange vorzumachen, bis es Wirklichkeit wird. Wenn du noch keinen Glauben hast, beginne den Prozess, indem du hoffst.

Diese Welt ist ein deprimierender Ort, aber wir als Gläubige haben Anteil an der »seligen Hoffnung« (Tit 2,13). Wir haben die Verheißung, dass dieses Leben nicht alles ist, was es gibt, und dass alle Verheißungen Gottes Ja und Amen sind in Christus (2Kor 1,20). Wir haben Grund zur Hoffnung! Aber wir müssen uns selbst im Herrn stärken (1Sam 30,6). Wir müssen unsere Vorstellungskraft dazu nutzen, über Gottes Wort intensiv nachzudenken und uns vorzustellen, wie es sich in unserem Leben erfüllt.

Deine Vorstellungswelt ist dein geistlicher Schoß. Das Wort Gottes ist ein Same (1Petr 1,23). Es ist wie ein Spermium, das, wenn es in dein Herz – und damit in deine Vorstellung – gepflanzt wird, den Empfängnisprozess in Gang setzt. Die meisten Christen verstehen das nicht. Wenn sie ein Problem haben, gehen sie zu Gott und flehen ihn an, etwas zu unternehmen. Sie erzählen anderen von ihrer Verzweiflung und beten um ein Wunder, aber sie beten im Unglauben. Und obwohl Gott sicherlich Wunder wirkt, nehmen Wunder nicht den Weg von außen nach innen, sondern treten von innen nach außen zutage. Gott hat uns so geschaffen, dass wir Wunder in unserer Vorstellungswelt empfangen.

Wenn wir den Samen des Wortes Gottes nehmen und ihn in unseren geistlichen Schoß einpflanzen, kommt es zur Befruchtung. Aber vor der Manifestation gibt es eine Wartezeit, so wie eine schwangere Frau ein Kind neun Monate lang in sich nähren muss, bevor sie es gebären kann. Die Frau mag zu Beginn des Prozesses nicht einmal wissen, dass sie schwanger ist, aber ihr Kind ist nicht weniger real. Sie ist nicht weniger schwanger.

Im Bereich des Geistes kann es nach der Empfängnis eine Zeit lang dauern, bis du spürst, dass sich etwas tut. Das ist in Ordnung. Fahre fort, den Samen zu nähren. Schon bald wirst du Veränderungen bemerken, und wenn du dranbleibst, werden es auch alle anderen! Sie werden anfangen, dich zu ermutigen und mit dir zu glauben. Und wenn du dann dein Wunder zur Welt bringst, werden sie sagen: »Gott sei Dank! Das ging aber schnell!« Aber wie eine Frau, die ein Kind zur Welt bringt, wirst du wissen, dass dieses Wunder neun Monate lang in dir herangereift ist. Du hast es lange davor empfangen.

Viele von uns wollen ein Wunder gebären oder Gottes Willen im eigenen Leben sehen, aber ihre Vorstellungskraft ist noch nie in intimen Kontakt mit dem Wort Gottes gekommen. Die Leute schauen mich an und sehen, was im Dienst geschieht, und sehen den Segen und die Gunst, die ich empfange, und denken: *Wenn Andrew das kann, dann kann ich es auch. Ich werde bei dieser Sache auf Gott vertrauen.* Und das ist wunderbar – Gott bevorzugt oder benachteiligt niemanden (Röm 2,11). Aber die Leute wissen nicht, wie viele Jahre ich diese Träume ausgebrütet habe. Sie sehen nicht, dass ich jahrelang treu gesät und meine Vorstellungskraft gezielt eingesetzt habe, um dahin zu kommen, wo ich heute bin. Vor ein paar Jahren schenkte mir jemand einen brandneuen Cadillac Escalade. Das ist ein Segen! Aber wenn einer meiner Studenten diesen SUV sehen und beschließen würde, sich von Gott auch so einen zu wünschen, könnte es einige Zeit dauern, bis sich sein Wunsch erfüllte. Zuerst müsste er an der Hoffnung festhalten, seiner Vorstellungskraft freien Lauf lassen und diesen Samen so lange nähren, bis er zur Entfaltung käme. Die meisten Menschen würden vorher aufgeben (Spr 13,12).

»Aber was ist, wenn ich dafür ein ganzes Jahr brauche?«, mag jetzt jemand fragen. Nun, ich habe achtundvierzig Jahre gebraucht. Aber je früher du startest, desto schneller gelangst du ans Ziel, also fang heute damit an. Setze den Prozess in Gang. Lass dir von Gott einen Traum in dein Herz pflanzen. Sinne darüber nach, bis du empfangen hast. Ich verspreche dir: Du wirst die Erfüllung dieses Traums erleben, wenn du nicht aufgibst.

Vielleicht denkst du jetzt: *So viel Zeit habe ich nicht. Ich bin kein Vollzeitprediger. Ich kann nicht den ganzen Tag meditieren. Ich habe keine Zeit für Tagträume.*

Tatsache ist, dass du ständig meditierst, du bist dir dessen nur nicht bewusst. Meditation bedeutet einfach nur, dass du in deinem

Denken auf etwas konzentriert bleibst. In-Sorge-Sein ist Meditation. Wenn man sich sorgt, malt man sich gedanklich Dinge aus, die überhaupt nicht passiert sind. Es ist das Ausloten negativer Eventualitäten. Das heißt, du sorgst dich um deine Finanzen, um deine Kinder, um deine Ehe – du machst dir den ganzen Tag lang Sorgen und schaffst es trotzdem, deinen Job zu machen.

Genauso gut kannst du den ganzen Tag über Positives nachsinnen. Es braucht nur etwas Übung. Nimm dir einen Vers aus der Bibel vor und bleibe gedanklich darauf konzentriert. Stell dir vor, wie dieser Bibelvers in deinem eigenen Leben aussehen würde. Denke über Leute nach, die erlebt haben, dass die Wahrheit dieses Wortes funktioniert. Überlege, was der Autor dieser Bibelstelle wohl gedacht hat, als er deren Inhalt schrieb. Stelle Fragen dazu. Auf diese Weise wird das Wort lebendig.

Ich meditiere ständig über das Wort Gottes. Ich habe nicht immer Zeit, es zu lesen, aber mein Leben ist auf das Wort Gottes ausgerichtet, und es funktioniert! Ich lebe in Gesundheit. Ich habe gutes Gelingen. Ich habe Frieden. Ich sage nicht, dass ich die Dinge perfekt mache – denn das tue ich sicher nicht –, aber in dem Maß, in dem ich den Herrn suche und meine Gedanken auf ihn richte, habe ich Frieden (Jes 26,3).

Brüder und Schwestern, unsere Zukunft ist so strahlend hell, dass wir die Augen zusammenkneifen müssen, wenn wir in ihre Richtung blicken! Gott hat für alles gesorgt, was wir brauchen. Aber es muss aus unserem Geist kommen und unseren Verstand durchlaufen, bevor wir es in unserem Körper sehen können. In Römer 12,2 heißt es:

> *Und passt euch nicht diesem Weltlauf an, sondern lasst euch [in eurem Wesen] verwandeln durch die Erneuerung*

eures Sinnes, damit ihr prüfen könnt, was der gute und wohlgefällige und vollkommene Wille Gottes ist.

Die *New Living Translation* gibt Römer 12,2 folgendermaßen wieder:

Kopiere nicht das Verhalten und die Gepflogenheiten dieser Welt, sondern lass dich von Gott in einen neuen Menschen verwandeln, indem du deine Denkweise änderst. Dann wirst du lernen, Gottes Willen für dich zu erkennen, der gut, angenehm und vollkommen ist.

Das Wort Gottes ist so kostbar! Es offenbart uns die Gedanken Gottes. Es zeigt uns Gottes Art, die Dinge zu betrachten. Allzu oft lassen wir zu, dass unser Denken verunreinigt wird. Wir passen uns der Denkweise der Welt an – wenn nicht mit unserem Verhalten, so doch mit unseren Gedanken. Aber Gott hat uns den Samen seines Wortes gegeben, mit dem er alle Bedürfnisse unseres Lebens stillt. Wir müssen diesen Samen nur empfangen.

KAPITEL 21

Wie man Sünde im Keim erstickt

Unser wiedergeborener Geist ist hundertprozentig gerecht und heilig (Eph 4,24). Wir haben den Geist Christi (1Kor 2,16). Unser Geist ist erfüllt von Liebe, Freude, Frieden, Geduld, Selbstbeherrschung und jeder anderen Frucht des Geistes (Gal 5,22–23). Unser Geist ist in Christus vollkommen (Kol 2,10). Wir können nicht noch mehr gerettet werden. Wir können nicht noch vollkommener werden (Hebr 10,14). Der Rest unseres christlichen Lebens besteht darin, zu lernen, wie wir diese geistlichen Realitäten in natürliche Realitäten verwandeln können.

Viele Leute sagen zu mir: »Ich spüre die Liebe Gottes einfach nicht. Würdest du bitte beten, dass Gott mir seine Liebe zufließen lässt?« Aber Gott hat seine Liebe zu uns bereits ausgegossen. Er hat seine Liebe zu uns vor zweitausend Jahren in der Person Jesu bewiesen (Röm 5,5–8). Wie viel mehr Liebe kann er noch geben? Wir warten nicht darauf, dass Gott uns seine Liebe zeigt. Wir müssen einfach nur unser Gehirn darüber informieren, was er bereits getan hat! Davon ist in folgenden Versen die Rede:

> *Alles, was zum Leben und zur Frömmigkeit dient, hat uns seine göttliche Kraft geschenkt durch die Erkenntnis dessen, der uns berufen hat durch seine Herrlichkeit und Kraft.*
> *— 2. Petrus 1,3 LUT*

Ich bete, dass unser gemeinsamer Glaube in dir wirkt und du all das Gute in uns erkennst, das auf Christus gerichtet ist.
— Philemon 6 EÜ

Wenn wir unser Denken erneuern und es für die geistliche Wahrheit öffnen, werden wir erleben, wie sich das Leben Gottes zu manifestieren beginnt. Wir sehen dann, wie unser Glaube zu wirken anfängt.

Ich habe mal gehört, dass während der Präsidentschaft von Abraham Lincoln, als er die Emanzipationsproklamation zur Befreiung der Sklaven in Amerika unterzeichnete, viele Sklavenhalter ihren Haushalten diese Neuigkeit verheimlichten. Es gibt dokumentierte Fälle, in denen befreite Sklaven weiterhin in Knechtschaft lebten, weil sie nichts von der ihnen gewährten Freiheit wussten.

Satan hat der Kirche über Jahrhunderte hinweg das Gleiche angetan. Wenn wir nicht wissen, wer wir sind oder was wir in Christus haben, können wir diese geistlichen Realitäten nicht in den natürlichen Bereich übertragen (Hos 4,6).

Stell dir ein Rohr vor, das die Auferstehungskraft Gottes mit deiner Krankheit, Armut, Depression oder Entmutigung verbindet. Am einen Ende des Rohrs befindet sich ein volles Kraftreservoir, am anderen sitzt deine Not. In der Mitte des Rohrs befindet sich ein Ventil, das deine Seele darstellt. Nichts kann durch dieses Ventil fließen, solange deine Vorstellungswelt nicht mit Gott und seinem Wort übereinstimmt. Du kannst von der lebensspendenden Kraft Gottes völlig abgeschnitten durchs Leben gehen, wenn du dir nicht die Zeit nimmst, dein Denken zu erneuern.

Dass ihr, was den früheren Wandel betrifft [die alte Lebens- und Denkweise], den alten Menschen abgelegt habt, der sich wegen der betrügerischen Begierden verderbte, dagegen erneuert werdet im Geist eurer Gesinnung [Geisteshaltung] und den neuen Menschen angezogen habt, der Gott entsprechend geschaffen ist in wahrhafter Gerechtigkeit und Heiligkeit. — Epheser 4,22–24

Als ich im Alter von neunzehn Jahren zum Kriegsdienst in Vietnam eingezogen wurde, stellte das meine Identität in Christus auf die Probe. Ich hatte gerade eine lebensverändernde Offenbarung der Liebe Gottes empfangen, aber ich war nun nicht mehr in Texas. In meiner gesamten Kompanie in Vietnam war ich der einzige Christ. Vielleicht gab es noch andere, aber falls es so war, gaben sie sich nicht zu erkennen. Einer der Bunker, dem ich auf einer Feuerunterstützungsbasis zugewiesen wurde, war mit Nacktbildern förmlich tapeziert. Man konnte nirgendwo hinschauen – ob an die Wände, an die Decke oder sonst wohin –, ohne eine nackte Frau zu sehen. Drogen waren frei verfügbar und vulgäres Verhalten war an der Tagesordnung. Es war schrecklich. Und gleichzeitig war es aber auch wie ein Magnet, der mich zur Sünde hinzog.

Ich erinnere mich an meinen ersten Etappenurlaub. In Kriegszeiten erhalten Kampfeinheiten, die viel im Einsatz sind, Ruhetage außerhalb des Gefechtsgebiets. Diese Tage sollen die Moral stärken und den Soldaten die Möglichkeit geben, sich um ihre persönlichen Belange zu kümmern, sich medizinisch versorgen zu lassen und zu Hause anzurufen. Nun, die Regierung hat uns drei Tage »Ruhepause« verordnet und für so viel kostenlosen Alkohol und Sex bezahlt, wie sich ein Mann wünschen kann. Sie ließen philippinische Prostituierte und Stripperinnen kommen und veranstalteten drei Tage lang eine Orgie. Ich war der einzige Mann in meiner Division, der nicht daran teilnahm. Sogar der Kaplan machte mit. Ich weiß noch, wie ich dachte: *Bin ich der einzige Gottesfürchtige?*

Vietnam habe ich nur überstanden, indem ich meine Nase in die Bibel steckte. Fünfzehn Stunden am Tag habe ich gelesen (wenn ich nicht gerade in einem Schützenloch saß oder ein Gewehr im Anschlag hatte). Ich konnte die Bibel nicht einmal weglegen, um nachzudenken. Wenn ich das tat, sah ich Nacktheit. Damals war mir nicht klar, was geschah (ich las nur aus Verzweiflung), aber das Wort Gottes begann, ein Bild in mir zu formen. Es begann, meine Denkweise zu verändern.

Während meiner Zeit in Vietnam war ich so sehr auf den Herrn und meine Liebe zu ihm konzentriert, dass ich mich wie in einer Blase fühlte. Nichts beunruhigte mich. Eines Tages befand ich mich in einer Situation, in der es so aussah, als würden wir mit Sicherheit sterben. Unsere Stellungen wurden von zahlreichen Mörsergeschossen getroffen und ich konnte die Mündungsfeuer der feindlichen Geschütze sehen. Aber ich konnte in dem Moment an nichts anderes denken als daran, dass ich Jesus von Angesicht zu Angesicht sehen würde, noch bevor der Tag zu Ende war. Ich habe mich tatsächlich am Herrn gefreut.

Ich begann für die feindlichen Soldaten zu beten, die auf uns schossen. Ich wusste, wohin ich ginge, wenn ich sterben würde, aber was war mit ihnen? Ich spürte tatsächlich, wie die Liebe des Herrn aus mir heraus zu ihnen hinströmte, während ich mein Sturmgewehr, ein M16, auf sie gerichtet hielt.

Ich weiß, du findest das vielleicht bizarr. Nun, ich gebe zu, dass es sicherlich nicht das ist, was die meisten Soldaten erlebt haben, aber es ist überhaupt nicht absonderlich, wenn man einmal über das Wort Gottes in einer Weise nachsinnt, wie Paulus es getan hat. Er sagte, dass er lieber beim Herrn sein wolle, als in seinem irdischen Körper zu leben (Phil 1,20–23). Der einzige Grund, warum er in diesem Leben blieb, war der Nutzen, den er dadurch für andere haben würde. Wenn wir die Dinge richtig sähen, dann würden wir uns bei dem Gedanken an den Himmel freuen, unabhängig davon, wie wir dorthin gelangen.

Deine Vorstellungswelt und die Art und Weise, wie du denkst und auf die Umstände reagierst, sind von entscheidender Bedeutung. Gott hat dir – aus Gnade – alles gegeben, was du zum Leben und zur Gottseligkeit brauchst (2Petr 1,3). Er hat dich bereits mit allen geistlichen Segnungen in Christus gesegnet (Eph 1,3). Aber du musst den Samen seines Wortes nehmen, ihn in deine Vorstellung pflanzen und ihn dort keimen lassen, damit du den Sieg empfangen kannst. Es ist wirklich so einfach, wie ich es beschrieben habe. Nichtsdestotrotz ist die Erneuerung deines Denkens das Schwierigste, was du je tun wirst.

Wir sind umgeben von Gottlosigkeit, von säkularem, humanistischem Denken. Jeden Tag werden Tausende von ungeborenen Babys auf dem Altar der Bequemlichkeit getötet. Jeden Tag sterben, verhungern und leiden Menschen infolge der egoistischen Handlungen anderer Menschen. Unsere Gesellschaft feiert und entschuldigt Sünde im Namen der »Liebe« und »Toleranz«. Unsere Kultur steht dem Christentum und biblischen Werten ablehnend gegenüber. Und wenn du deine Nase nicht in die Bibel steckst und Gottes Wort erlaubst, deine Vorstellungswelt zu verändern, wirst du hineingesogen. Du wirst von dem, was dich umgibt, verschluckt.

Man kann nicht fünfzehn Stunden am Tag in der Bibel lesen und keine Veränderung erleben. Man kann sich nicht vier oder fünf Jahre lang Heilungszeugnisse auf unserer Website ansehen und trotzdem krank bleiben. Brüder und Schwestern, Gott ist nicht der Schuldige. Wir haben unsere Herzen verhärtet. Wir haben uns von der Gottlosigkeit beeinflussen lassen, wir haben uns dem Denken und Handeln der Welt angepasst. Aber wir können es ändern. Wir können unsere Vorstellungswelt verändern.

Hunderte von Menschen starben, um uns eine Übersetzung der Bibel zu bewahren. William Tyndale, einer der ersten Männer, die die Bibel ins Englische übersetzten, wurde auf dem Scheiterhaufen verbrannt. Aber sein Tod war nicht vergebens. Weniger als siebzig Jahre später genehmigte König James eine Übersetzung der Bibel, was großteils auf den Aufschrei der Menschen zurückzuführen war, die Tyndales Tod mitangesehen hatten.

Im Laufe der Geschichte haben immer wieder Menschen ihr Leben geopfert, um sicherzustellen, dass wir über ein Exemplar der Heiligen Schrift verfügen können, dennoch wage ich zu behaupten, dass der Durchschnittschrist seine Bibel für selbstverständlich hält. Die meisten schlagen sie nur sonntags auf, oder höchstens noch für eine zweiminütige Andacht. Christen verbringen zwei Minuten damit, in Gottes Wort zu lesen, und den Rest des Tages damit, sich irgendwelche Seifenopern anzusehen. Und dann wundern sie sich, warum die Dinge für sie nicht funktionieren.

Die meisten Christen haben täglich intimen Umgang mit der Welt und hoffen dann auf eine geistige Abtreibung oder Fehlgeburt, die sie davor bewahrt, Sünde und Negativität zu gebären. Ich erinnere mich an den Rat, den mein Onkel Saffie mir gab, als Jamie und ich heirateten. Er nahm mich beiseite und sagte mir auf seine bodenständige Art: »Junge, du bist ein Wommack. Wir Wommacks lassen uns nicht scheiden. Wir sind hier nicht im Einkaufszentrum. Du kannst sie nicht einfach zurückbringen, wenn du sie nicht mehr magst.« Mit anderen Worten: *Sei dir sicher, dass du eine gute Entscheidung triffst, denn du musst mit den Konsequenzen leben!* Jamie und ich sind mit dieser Einstellung in unsere Ehe gegangen, und wir haben nie eine Scheidung in Betracht gezogen. Wir haben ein paar Mal über Mord nachgedacht (kleiner Scherz), aber wir haben nie über Scheidung gesprochen und einander nie damit gedroht.

Ich bin mir nicht sicher, wie viele derer, die dieses Buch lesen, dasselbe von sich sagen können. So einige drohen ihren Ehepartnern mit Scheidung und Trennung. Sie benutzen diese Drohungen als Druckmittel, um ihren Willen durchzusetzen. Das ist die Denkweise der Welt. Aber wenn diese Leute verstehen würden, wovon ich spreche, würden sie niemals so weit gehen. Sie würden verstehen, welchen Schaden solche Worte und Gedanken anrichten. Sie würden dieses Bild weder in ihrer Vorstellung noch in der ihres Ehepartners haben wollen.

In diesem und anderen Bereichen versuchen wir als Gläubige, das Ausleben von Sünde zu verhindern, aber wir übernehmen keine Verantwortung für die Entstehung der Sünde. Das ist so, als würde eine Frau jede Nacht mit einem anderen Mann schlafen, ohne je zu erwarten, dass sie schwanger wird. So läuft die Sache nicht. Eine Geburt lässt sich ganz leicht vermeiden – man muss nur aufhören, schwanger zu werden.

Das Wort sagt uns, wir sollen »weise [sein] zum Guten, doch einfältig zum Bösen« (Röm 16,19 ELB). Das Wort, das hier mit »einfältig« übersetzt wird, bedeutet »unverdorben«. Und in Epheser 5,11–12 (LUT) heißt es: »und habt nicht Gemeinschaft mit den unfruchtbaren Werken der Finsternis; deckt sie vielmehr auf. Denn was von ihnen heimlich getan wird, davon auch nur zu reden ist schändlich.« Laut Bibel sollen wir nicht einmal über das Böse sprechen, doch viele Christen lassen es ungehindert in ihr Zuhause fließen. Sie schalten den Fernseher ein und sehen Mord, Lüge, Ehebruch, Gier und Unzucht. Und mit genügend Zeit werden diese Bilder in ihrem Leben Frucht tragen.

Brüder und Schwestern, Gottes Weg ist sehr viel besser! Lernt, eure Vorstellungskraft zu beherrschen, und meidet die Sünde ganz und gar!

KAPITEL 22

Sprich in deine Zukunft hinein

Wenn ich dich bitten würde, für eine zukünftige Generation zu beten, was wäre der Inhalt deines Gebets? Was würdest du als ihr dringendstes Bedürfnis ansehen? Und wenn ich dich bitten würde, dieses Gebet aufzuschreiben, was würdest du festhalten? Wie würdest du Menschen, die noch nicht geboren sind, ermutigen, den Herrn zu preisen (Ps 102,19)?

Ich kann mir in etwa vorstellen, wie dieses Gebet aussehen würde, denn ich habe die Gebete von Hunderten von Menschen gehört, die für andere beteten. Es würde in etwa so lauten: »O Gott, gieße deinen Geist auf diese Menschen aus. Lass sie eine neue Berührung von dir erfahren. Schicke ihnen Erweckung. Tu etwas *Neues* …«

So hat Apostel Paulus für andere gebetet:

> *Darum lasse auch ich, nachdem ich von eurem Glauben an den Herrn Jesus und von eurer Liebe zu allen Heiligen gehört habe, nicht ab, für euch zu danken und in meinen Gebeten an euch zu gedenken, dass der Gott unseres Herrn Jesus Christus, der Vater der Herrlichkeit, euch [den] Geist der Weisheit und Offenbarung gebe in der Erkenntnis seiner selbst, erleuchtete Augen eures Verständnisses, damit ihr wisst, was die Hoffnung seiner Berufung und was der Reichtum der Herrlichkeit seines Erbes in den Heiligen ist, was auch die überwältigende Größe seiner Kraftwirkung*

an uns ist, die wir glauben, gemäß der Wirksamkeit der Macht seiner Stärke. Die hat er wirksam werden lassen in dem Christus, als er ihn aus den Toten auferweckte und ihn zu seiner Rechten setzte in den himmlischen [Regionen], hoch über jedes Fürstentum und jede Gewalt, Macht und Herrschaft und jeden Namen, der genannt wird, nicht allein in dieser Weltzeit, sondern auch in der zukünftigen; und er hat alles seinen Füßen unterworfen und ihn als Haupt über alles der Gemeinde gegeben, die sein Leib ist, die Fülle dessen, der alles in allen erfüllt. — Epheser 1,15–23

Paulus bat nicht um etwas Neues für dich und mich, sondern er betete dafür, dass wir eine Offenbarung dessen bekämen, was wir bereits haben. Paulus betete, dass die »Augen [unseres] Verständnisses« erleuchtet würden. Das Wort, das wir hier mit »Verständnis« übersetzt finden, ist das griechische Wort *dianoia*. Zur Erinnerung: *dianoia* bedeutet »tiefes Denken«. Paulus betete, dass unser Verständnis – unser tiefes Denken – geöffnet würde, damit wir »die Hoffnung seiner Berufung« sehen und von Gott empfangen könnten. Es geht darum, dass wir mithilfe unserer Vorstellung ein Bild davon bekommen, was Gott für uns hat.

Als gläubiger Mensch bist du ein Partner Gottes – du hast Anteil an seinem Wesen, an dem, was er auf der Erde tut (2Petr 1,4; Hebr 3,1). Verschaffe dir ein Bild davon! Gott lädt dich ein, etwas zu tun, das größer ist als du selbst. Er bittet dich um Beteiligung an dem, was er tut. Du bist Teil des Leibes Christi (1Kor 12,27). Du bist seine Hände und Füße, sein Diener – egal, ob du in der säkularen Welt arbeitest oder im kirchlichen Dienst stehst. Du darfst die Werke tun, die er getan hat, und sogar noch »größere Werke« (Joh 14,12). Aber um ein effektiver Partner zu werden, musst du deine Vorstellungskraft aktivieren.

Ohne deine Vorstellungskraft wirst du nicht in der Lage sein, »den Reichtum der Herrlichkeit seines Erbes« in dir zu begreifen (Eph 1,18). Du wirst nicht imstande sein, zu erfahren, wie »überragend groß seine Macht« an uns ist (Eph 1,19 EÜ). Dieses »überragend groß« ist eine hyperbolische Formulierung. Sie unterstreicht die Tatsache, dass Gottes Macht dir gegenüber unendlich viel größer ist als alles, was du dir vorstellen kannst (Eph 3,20). Es ist dieselbe Macht, die er in Christus hat »wirksam werden lassen …, als er ihn aus den Toten auferweckte« (Eph 1,20). Wenn man ein Amperemeter an die Kraft Gottes anschließen könnte, um ihre Stärke zu messen, würde man meiner Überzeugung nach feststellen, dass die Erschaffung der Welt weniger Energie erforderte als die Auferweckung Jesu von den Toten. Als Gott das Universum erschuf, gab es nämlich keinen Widerstand. Als er jedoch Jesus von den Toten auferweckte, versuchten Satan und jeder Dämon in der Hölle, ihn aufzuhalten. Das hätten sie natürlich nicht gekonnt. Aber der Punkt ist, dass es mehr Kraft brauchte, Jesus von den Toten aufzuerwecken, als das gesamte Universum zu erschaffen. Und dieselbe schöpferische Kraft, die ihn von den Toten auferweckt hat, ist auch in dir!

Paulus betete, dass unsere Augen geöffnet würden und unser Vorstellungsvermögen all das erfassen könnte, was Gott uns in Christus gegeben hat, und dazu auch das gewaltige Ausmaß der Kraft, die er in uns gelegt hat, um das zu tun, wozu er uns berufen hat – seine Partner zu sein, seine Hände und Füße auf der Erde. Oh Mann, das ist fantastisch!

Die meisten Leute beten nicht auf diese Weise. Die meisten Christen, denen ich bislang begegnet bin, würden für die nächste Generation beten, indem sie Gott bitten, etwas Neues zu tun. Aber vor zweitausend Jahren betete der Mann, der fast die Hälfte der Bücher des Neuen Testaments geschrieben hat, dass wir all das erkennen mögen, was Gott in Christus bereits für uns getan hat, und dass wir die »überragende Größe seiner Macht« (Eph 1,19) in uns begreifen würden. Paulus betete, dass Gott uns zeigen möge, was wir bereits haben.

Nur wenige Verse davor, in Epheser 1,8 (NLB), sagte Paulus, Gott »hat uns mit Gnade überhäuft und uns Weisheit und Erkenntnis gegeben«. Man beachte das Wort »hat« – Vergangenheitsform. Es ist bereits geschehen. Als Paulus also darum betete, dass Gott uns den »Geist der Weisheit und Offenbarung« (Eph 1,17) geben möge, betete er in Wirklichkeit darum, dass Gott uns helfen möge zu verstehen, was wir bereits haben.

Gepriesen sei der Gott und Vater unseres Herrn Jesus Christus, der uns gesegnet hat mit jedem geistlichen Segen in den himmlischen [Regionen] in Christus. — Epheser 1,3

Die gesamte christliche Welt scheint in einem Zustand gefangen zu sein, in dem sie Gott ständig anfleht, etwas zu tun, was er scheinbar noch nicht getan hat. Aber die Wahrheit ist, dass Gott uns bereits mit allen geistlichen Segnungen in Christus gesegnet hat. Wenn jemand wiedergeboren werden muss, braucht Jesus nicht noch einmal zu sterben. Das hat er bereits getan. Er hat bereits den Preis für die Sünde bezahlt (Hebr 9,28). Wenn jemand Heilung braucht, ist auch das schon geschehen. In 1. Petrus 2,24 (NLB) heißt es: »Durch seine Wunden seid ihr geheilt worden!« (Vergangenheitsform). Wer Weisheit braucht, dem sagt Epheser 1,8 (NLB), dass der Vater »uns mit Gnade überhäuft und uns Weisheit und Erkenntnis gegeben [hat].« Gott hat bereits für alle unsere Bedürfnisse vorgesorgt.

Die Schöpfung ist ein gutes Beispiel. Obwohl der Mensch die Krönung der gesamten Schöpfung Gottes ist, hat er den Menschen doch nicht zuerst erschaffen. Hätte er das getan, hätte der Mensch vier Tage lang Wasser getreten und darauf gewartet, dass Land auftaucht. Der Mensch hätte Bäumen und Bergen ausweichen müssen, als sie aus dem Boden schossen. Nein, Gott hat im Voraus für die Menschheit gesorgt. Gott schuf zuerst Licht, Wärme, Zeit, Land und alles, was wir brauchen würden. Er schuf die Luft, die wir zum Atmen benötigen, und die Nahrung, die wir zu uns nehmen müssen. Er hat alles im Voraus geschaffen.

Als der Mensch zum ersten Mal Hunger bekam, brauchte Gott nicht zu sagen: »Hoppla, das hab ich ja total vergessen. Lass mich eine Banane für dich erschaffen.« Nein, Gott hat unsere Bedürfnisse vorausgesehen. Er schuf genügend Nahrung, um die gesamte Welt zu ernähren. Heute leben über sieben Milliarden Menschen auf unserem Planeten. Ist dir bewusst, dass es auf diesem Planeten schon ausreichend Nahrungspotenzial gab, um all diese Menschen zu ernähren, als erst zwei von ihnen da waren? Als es nur zwei Menschen gab, war bereits genügend Sauerstoff für sieben Milliarden atmende Menschen vorhanden. Gott schuf alles, was diese Welt jemals brauchen würde. Er hat alles vorausgesehen, was wir der Erde antun würden, und hat sogar die notwendigen Vorkehrungen getroffen, die dem Planeten helfen würden, mit den Auswirkungen der Sünde fertig zu werden.

Deshalb bin ich auch kein Verfechter der Thesen zur globalen Erwärmung und mache mir keine Sorgen um eine mögliche Zerstörung der Ozeane oder Wälder. Versteh mich nicht falsch – ich liebe unseren Planeten. Ich liebe die Natur. Und ich finde es auch nicht in Ordnung, Dinge mutwillig durcheinanderzubringen. Ich glaube, dass wir gute Verwalter all dessen sein sollten, was der Herr uns gegeben hat, einschließlich der Erde. Aber unser Planet ist nicht schutzlos. Gott hat alles vorausgesehen, was die Menschheit der Erde antun würde. Die Erde wird nicht durch uns zerstört werden. Im zweiten Petrusbrief heißt es, dass der Herr sein Gericht für die Erde bestimmt hat. Er wird sie mit glühender Hitze zerstören (2Petr 3,10). Und so sehr ich es auch hasse, Smog einzuatmen, und denke, dass wir das Problem als gute Verwalter angehen sollten, weiß ich doch auch, dass der endliche Mensch nicht in der Lage ist, sich über unseren unendlichen Gott hinwegzusetzen.

Leider erkennen die meisten Christen nicht, was Gott alles für uns bereitgestellt hat. Sie bitten Gott ständig, etwas zu tun, das er bereits getan hat. Sie bitten ihn, ihnen etwas zu geben, das sie schon haben. Deshalb sind ihre Gebete nicht wirksam.

Viele Christen lesen zum Beispiel in Galater 2,20, dass wir im Glauben leben, übersehen dabei aber den Teil, der besagt, dass unser Glaube von Gott kommt. Und laut Römer 12,3 ist dieser Glaube das gleiche »Maß des Glaubens«, das jeder Mensch erhält – wie es sogar Jesus hatte, als er auf der Erde weilte. Doch wie viele Christen beten trotzdem: »Gott, gib mir mehr Glauben«? Wie kann Gott ein solches Gebet erhören? Wie kann er uns mehr Glauben geben, als er Jesus gegeben hat? Wir haben bereits *das* Maß des Glaubens.

Das ist so, als würde sich ein Kind zu einem Erntedankfestessen hinsetzen und fragen: »Was gibt's heute zum Abendessen?« Wie würde jemand auf eine solche Frage reagieren? Ich würde das Kind wahrscheinlich schweigend und ungläubig ansehen.

Vielleicht ist das der Grund, warum du noch nichts von Gott gehört hast. Vielleicht stellst du unsinnige Fragen. Vielleicht sprichst du törichte Gebete, Gebete wie »Gott, komm in unsere Mitte. Begegne uns an diesem Ort« oder »Gott, begleite uns, wenn wir heute von hier weggehen«. In Hebräer 13,5 heißt es, dass er uns nie verlassen noch aufgeben wird. Wie könnte Gott also solche Gebete erhören?

Vielleicht denkst du an diesem Punkt: *Wie soll ich denn dann beten? Woher weiß ich, worum ich Gott bitten soll?*

Bitte dem Wort Gottes gemäß. In 1. Johannes 5,14–15 (ELB) steht:

Und dies ist die Zuversicht, die wir zu ihm haben, dass er uns hört, wenn wir etwas nach seinem Willen bitten. Und wenn wir wissen, dass er uns hört, was wir auch bitten, so wissen wir, dass wir das Erbetene haben, das wir von ihm erbeten haben.

Wenn du das betest, was du im Wort Gottes siehst – insbesondere das, was du im Neuen Testament nach dem Tod und der Auferstehung Jesu findest –, kannst du sicher sein, dass du in Übereinstimmung mit seinem Willen betest.

Nimm Paulus' Gebet im Epheserbrief und mache es zu deinem. Das habe ich ganz zu Anfang auch getan. Ich sagte: »Vater, öffne die Augen meines Verständnisses. Hilf mir, meine Vorstellungskraft so zu lenken, dass ich die Hoffnung deiner Berufung erkennen kann. Hilf mir, die überragende Größe deiner Macht zu erkennen – dieselbe Macht, die Jesus von den Toten auferweckt hat – und den Reichtum der Herrlichkeit deines Erbes, das in mir ist.« Ich garantiere dir, wenn du dieses Gebet mit aufrichtigem Herzen sprichst, wenn du Gott eine Chance gibst, wird er dein Leben mit Hoffnung erfüllen. Er wird deine Vorstellungskraft dazu bringen, in positiver Weise zu funktionieren. Es mag eine gewisse Zeit dauern, aber der Same von Gottes Wort wird in deinem Herzen keimen. Er wird Hoffnung hervorbringen.

Hoffnung – eine positive Vorstellung – verändert die Art und Weise, wie du mit den Umständen des Lebens umgehst. Wenn Krankheit oder Armut bei dir anklopft, wirst du dich nicht einschüchtern lassen. Wenn Depression und Angst versuchen, sich einzuschleichen, wird die Hoffnung dich sicher bewahren. Wenn du dich ändern willst, dann bitte Gott nicht länger um etwas, das er bereits getan hat. Stöhne und jammere deinen Freunden nichts vor und bitte sie nicht darum, in die Gebetskette aufgenommen zu werden. Renne nicht durchs Land, von Veranstaltung zu Veranstaltung, nur damit jemand »ein Wort« über dich spricht oder mit der Hand wedelt und ein Wunder in deinem Leben bewirkt. Ändere deine Denkweise. Beschäftige dich mit Gottes Wort. Sieh dich selbst so, wie er dich sieht. Wenn du deiner Vorstellung freien Lauf lässt und dir ein klares Bild davon machst, wer du bist und was du in Christus hast, wird kein Teufel der Hölle dich aufhalten können. Satan und alle seine Schergen sind zusammen nicht stark genug, um Gottes Auferstehungskraft in dir zu bezwingen. Sie können nicht verhindern, dass dieses Bild Wirklichkeit wird!

Brüder und Schwestern, ob ihr nun dringend ein Wunder benötigt, euch nach einer Neuausrichtung sehnt oder eure neue Identität in Christus verstehen wollt, ihr müsst eure Vorstellungskraft aktivieren. Ihr müsst dieses Bild der Vollständigkeit in eurem Herzen sehen. Wenn ihr das tut, wird sich euer Leben verändern, und ihr werdet die wahre Macht eurer Vorstellungskraft kennenlernen.

EMPFANGE JESUS ALS DEINEN RETTER

Jesus Christus als deinen Herrn und Retter anzunehmen, ist die wichtigste Entscheidung, die du jemals treffen wirst! Gottes Wort verspricht:

> *Denn wenn du mit deinem Mund Jesus als den Herrn bekennst und in deinem Herzen glaubst, dass Gott ihn aus den Toten auferweckt hat, so wirst du gerettet. Denn mit dem Herzen glaubt man, um gerecht zu werden, und mit dem Mund bekennt man, um gerettet zu werden. — Römer 10,9–10*
> *Denn:* ***»Jeder, der den Namen des Herrn anruft, wird gerettet werden«****. — Römer 10,13*

In seiner Gnade hat Gott bereits alles getan, um dir Errettung anbieten zu können. Dein Teil besteht einfach nur darin, zu glauben und zu empfangen. Bete laut:

> *Jesus, ich bekenne, dass du mein Herr und Retter bist. Ich glaube in meinem Herzen, dass Gott dich von den Toten auferweckt hat. Im Glauben an dein Wort empfange ich jetzt die Errettung. Danke, dass du mich erlöst hast!*

Im selben Moment, in dem du dein Leben Jesus Christus übergibst, erfüllt sich augenblicklich die Wahrheit seines Wortes in deinem Geist. Weil du von neuem geboren bist, besitzt du jetzt ein völlig neues Ich!

EMPFANGE DEN HEILIGEN GEIST

Dein dich liebender himmlischer Vater möchte dir als seinem Kind die übernatürliche Kraft geben, die du brauchst, um dieses neue Leben auch auszuleben.

> *Denn jeder, der bittet, empfängt; und wer sucht, der findet; und wer anklopft, dem wird aufgetan. … wie viel mehr wird der Vater im Himmel [den] Heiligen Geist denen geben, die ihn bitten! — Lukas 11,10.13b*

Alles, was du tun musst, ist bitten, glauben und empfangen! Bete:

> *Vater, ich erkenne, dass ich deine Kraft brauche, um dieses neue Leben auszuleben. Bitte erfülle mich mit deinem Heiligen Geist. Im Glauben empfange ich ihn genau jetzt! Danke, dass du mich getauft hast. Heiliger Geist, du bist in meinem Leben willkommen!*

Gratuliere – du bist jetzt mit Gottes übernatürlicher Kraft erfüllt!

Einige Silben einer dir unbekannten Sprache werden nun aus deinem Herzen zu deinem Mund aufsteigen. Wenn du sie im Glauben laut aussprichst, setzt du Gottes Kraft in deinem Inneren frei und erbaust dich selbst im Geist (1Kor 14,4.14). Du kannst dies tun, wann und wo immer du möchtest!

Es spielt eigentlich keine Rolle, ob du etwas gespürt hast oder nicht, als du gebetet hast, um den Herrn und seinen Geist zu empfangen. Wenn du in deinem Herzen geglaubt hast, dass du empfangen hast, dann ist es auch so, denn Gottes Wort verspricht: »Darum sage ich euch: Alles, was ihr auch immer im Gebet erbittet, glaubt, dass ihr es empfangt, so wird es euch zuteilwerden!« (Mk 11,24). Gott ist seinem Wort immer treu. Glaub es!

Bitte nimm Kontakt zu uns auf und lass es uns wissen, wenn du eines oder beide dieser Gebete gebetet hast. Wir würden uns gern mit dir freuen und dir ein Geschenk zusenden, das dir hilft, deine neue Beziehung zum Herrn zu verstehen und darin zu wachsen.

Damit wollen wir dir einfach sagen: *Willkommen in deinem neuen Leben!*

ÜBER DEN AUTOR

Als **Andrew Wommack** am 23. März 1968 der übernatürlichen Liebe Gottes begegnete, wurde sein Leben für immer verändert. Seit vielen Jahrzehnten bereist Andrew Amerika und die Welt und lehrt die Wahrheit des Evangeliums. Seine tiefe Offenbarung von Gottes Wort vermittelt er mit Klarheit und Schlichtheit. Dabei legt er seinen Schwerpunkt auf Gottes bedingungslose Liebe und das Gleichgewicht zwischen Gnade und Glauben. Mit seinem Programm auf *GospelTruth.TV* erreicht er fast die Hälfte der Weltbevölkerung. 1994 gründete er das *Charis Bible College* (Charis) und hat seither Charis-Standorte in verschiedenen Großstädten Amerikas und weltweit eröffnet. Andrew hat eine Fülle an Lehrmaterial in gedruckter Form und im Audio- und Videoformat veröffentlicht, von dem das meiste kostenlos von seiner Website abgerufen werden kann.

Du kannst das AWM-Team per Brief, Mail
oder Telefon kontaktieren:

Andrew Wommack Ministries gGmbH
Postfach 56 03 02, 60407 Frankfurt am Main, Deutschland
info@andrewwommack.de | +49 69 64357850
Gebets-Hotline: +49 69 643578578
www.andrewwommack.de

CHARIS®
BIBLE COLLEGE
Verändere dein Leben.
Verändere die *Welt*.
Erfahre mehr über das Charis Bible College unter **entdeckecharis.jetzt** oder schreib uns eine E-Mail an **info@charisbiblecollege.de** oder ruf uns an unter **+49 69 643 578 540**.
Das Charis Bible College hat Standorte in den Vereinigten Staaten und rund um den Globus. Um den Campus in deiner Nähe zu finden, besuche **CharisBibleCollege.org/campus-locations**.

Weitere Bücher von Andrew Wommack:

Schärfer als ein zweischneidiges Schwert

Ein sicheres Fundamet

Dein neues Ich & der Heilige Geist

Lerne von Elia

Lerne von Joseph

Ichbezogenheit: Die Wurzel allen Kummers

Erfahre, wie man von Gott erfüllt bleibt

10 Gründe für ein Leben mit dem Heiligen Geist

Leben in Gottes Fülle

Ein verhärtetes Herz

Die Vollmacht des Gläubigen

Du hast schon alles, was du brauchst!

Heilung: Gottes Wille für dich

Wie man auf dem Wasser geht

Ein besserer Weg zu beten

Begrenze Gott nicht

Mehr Gnade, größere Gunst